入社 1 年目からずっと役に立つ

報・連・相 超入門

知っておきたい
「要点だけ」バイブル

大谷更生 監修

はじめに

　世の中には、報連相（報告・連絡・相談）について書かれた本が数多く存在します。私は報連相がテーマの研修で初めて講師を務めたとき、準備のために報連相に関する本を30冊以上読みましたが、多くは「どのように報連相を行うか」というノウハウに焦点が当てられており、「なぜ報連相が必要なのか」「報連相を実践することで自分にどのようなメリットがあるのか」といった、報連相を行う立場の方が知りたい情報がしっかりと書かれている本を見つけることはできませんでした。そんな状況だと、いくら「ちゃんと報連相しなさい」と言われても、「なぜ？」「何のために？」がわからず、正しい報連相をすることはできないのではないでしょうか。

　この本では、なぜ報連相が必要かつ重要なのか、その理由や目的をわかりやすく解説するとともに、報連相ができるようになると、どのようなメリットが得られるかなどを具体的にお伝えします。本書を通じて、報連相を「言われたから、やるべきもの」ではなく、「自分のためになる行動」として、納得して主体的に取り組めるようになっていただけたらと思っています。

　実は私が新入社員だったころ、「なぜ連絡しないんだ」「なぜもっと早く相談しないんだ」「いまごろ報告されても困る」など報連相ができていないことに対して上司や先輩から注意を受けたことが頻繁にありました。ところが、報連相ができていないことを自覚できても、では、どうしたら正しい報連相ができるかは、誰も教えてくれませんでした。とはいえ、毎回上司から同じ理由で注意を受けるの

も悔しいので、本を読んだり、コミュニケーションの取り方を変えてみたりなど、自分なりに工夫するようになりました。すると徐々に報連相がスムーズにできるようになり、上司に注意される回数も減っていきました。

それだけではありません。周りの人に何かを依頼をしたときに「OK」と言ってもらえる確率が上がり、上司や取引先との関係性も確実によくなり、気がつくと、自分の思い通りに仕事が回るようになっていました。

正しい報連相ができるようになることは、単なるスキル習得だけでなく、社会人基礎力の向上にもつながります。具体的には、課題発見力、発信力、そして主体性といった、社会人基礎力で定義されている仕事をスムーズに進めるために欠かせない能力を意識しなくても鍛えることができます。

私は18年間会社勤めを行い、40歳で独立して個人で仕事をするようになりましたが、正しい報連相を実践することで身についたビジネススキルや他者とスムーズに信頼関係を構築する力のおかげで、これまで仕事を続けることができたと思っています。

これから社会人としての一歩を踏み出すあなたが、報連相のスキル習得を通じて自信を持ち、周りから信頼される存在として活躍できるように、この本を執筆しました。本書があなたの社会人生活の力強い味方となることを心から願っています。

はじめに ……………………………………………………………………… 2

chapter 1　報連相、これだけは知っておこう！

いまさら聞けない「報連相」とは？ ……………………………………… 8
報連相で過去・現在・未来を共有する …………………………………… 10
なぜ報連相が大事なのか？ ………………………………………………… 12
よい報連相とは ……………………………………………………………… 14
なぜ報連相がうまくいかないのか ………………………………………… 16
報連相は誰のため？ ………………………………………………………… 20
column　開かなくても中身がわかるファイル名の付け方 …………… 22

chapter 2　上司のタイプ別報連相の傾向と対策

よい報連相はじめの一歩は相手を知ること ……………………………… 24
行動派（ドライバー）上司の傾向と対策 ………………………………… 26
感覚派（エクスプレッシブ）上司の傾向と対策 ………………………… 28
協調派（エミアブル）上司の傾向と対策 ………………………………… 30
理論派（アナリティカル）上司の傾向と対策 …………………………… 32
column　締切を守る人の2つの「決める」 …………………………… 34

chapter 3　成果につながる報告のコツ

ピッタリ報告　▶ タイミングを逃さない ……………………………… 36
ピッタリ報告　▶ 悪い情報は早く伝える ……………………………… 38
ピッタリ報告　▶ ウソはつかない ……………………………………… 40
もれなく報告　▶ 報告は義務 …………………………………………… 42
もれなく報告　▶ 5W1Hを押さえる …………………………………… 44
もれなく報告　▶ 優先順位を意識する ………………………………… 46
わかりやすい報告　▶ 結論を先に伝える ……………………………… 48

わかりやすい報告	▶ 事実と主観を分ける	50
わかりやすい報告	▶ 型を使って伝える	52
column	報告書の書き方例	54

chapter 4　一目おかれる連絡のコツ

ピッタリ連絡	▶ 相手がほしい情報を知る	56
ピッタリ連絡	▶ 適切な手段を選ぶ	58
ピッタリ連絡	▶ タイムリーに伝える	60
もれなく連絡	▶ 全員に伝える	62
もれなく連絡	▶ 正確に伝える	64
もれなく連絡	▶ 伝わったかを確認する	66
わかりやすい連絡	▶ 目的を明確にする	68
わかりやすい連絡	▶ 相手の状況を考える	70
わかりやすい連絡	▶ 相手が理解できる言葉で伝える	72
column	手間をかけずに最新情報を得るコツ	74

chapter 5　人より抜きんでる相談のコツ

ピッタリ相談	▶ 前倒しで相談する	76
ピッタリ相談	▶ 空気を読む	78
ピッタリ相談	▶ 相手を選ぶ	80
もれなく相談	▶ 結果を報告する	82
もれなく相談	▶ もれなくダブリなく	84
もれなく相談	▶ 相手を尊重する	86
わかりやすい相談	▶ 目的は問題解決	88
わかりやすい相談	▶ 準備を怠らない	90
わかりやすい相談	▶ まずは自分で考える	92
column	思考をクリアにする超簡単なコツ	94

chapter 6　ケーススタディで学ぶ報連相

【case 1】「メールを送ったから伝えた」ではダメ ……………… 96
【case 2】聞き手によって解釈の異なる言葉に要注意 ………… 98
【case 3】悪い情報ほど早く報告 …………………………………… 100
【case 4】勝手な判断が上司の期待を裏切ることに …………… 102
column　パソコン操作時短術〜ショートカットを使いこなそう〜 …… 104

chapter 7　離れた場所にいる相手への報連相

伝わる情報は2種類ある ……………………………………………… 106
3つの「わからない」を克服する …………………………………… 108
1メッセージ1テーマで伝える ……………………………………… 110
断りの作法 ……………………………………………………………… 112
宛名やあいさつ文、何が正解？ ……………………………………… 114
メール対応に追われないコツ ………………………………………… 116
column　スムーズな日程調整は「先出しジャンケン」で ………… 118

chapter 8　信頼される社会人になるために必要なこと

信頼される人が持っている3つのS ………………………………… 120
信頼される人の2つの姿勢 …………………………………………… 122
信頼される人は仕事を断らない ……………………………………… 124
信頼される人は苦手な相手の懐に飛び込む ………………………… 125

あとがき ………………………………………………………………… 126

chapter 1
報連相、これだけは知っておこう！

なぜ報連相をしなければならないか、あなたは考えたことがありますか？　報連相とは、報告・連絡・相談のことです。「そんなこと、知ってるよ」と思われたかもしれませんが、最初に問いかけた報連相の目的や、報告・連絡・相談の違い、どうやって報告・連絡・相談を使い分けるかなど、改めて質問されると答えに詰まったりしないでしょうか。──chapter1では、知っておきたい報連相の基礎知識をお伝えします。

chapter 1　報連相、これだけは知っておこう！

いまさら聞けない「報連相」とは?
【目的は相手と共有すること】

　報連相とは、報告・連絡・相談のことです。では、改めて質問します。なぜ報連相をしなければならないのでしょうか？　私の答えは**「相手と共有する」**ためです。

　報連相にまつわるトラブルで最も多いのは、「言った・言わない問題」です。部下であるあなたは「報連相した」と思っているのに、上司は「聞いていない」「知らない」。そんなトラブルに巻き込まれたこと、あなたはないでしょうか。この場合、どちらに問題があると思いますか？

　報連相の目的は相手と共有することです。もし部下であるあなたが「ちゃんと報連相した」と思っていたとしても、相手である上司が受け取っていないと思ったり、理解していなかったり、覚えていなかったりしたら、それは共有できていない＝報連相ができていないということ。つまり、問題はあなたにあるのです。
　ではどうやったら相手と共有する報連相ができるでしょうか。
　それを本書で学んでいきましょう。

「報連相」とは……
相手と共有すること

報連相ができていない！

- ✗ 相手に伝わっていない
- ✗ 相手が理解していない
- ✗ 相手が覚えていない

伝えただけでは、共有できているとは言えませんよ。

まとめ

- 「言った・言わない問題」を起こさないようにしよう
- 相手と共有できる報連相をしよう

報連相で
過去・現在・未来を共有する
【何を共有するかで報連相を使い分ける】

　報告・連絡・相談では、それぞれ何を共有するのでしょうか。
　報告は「**過去**」**を共有**する。**連絡は**「**現在**」**を共有**する。**相談は**「**未来**」**を共有**する。どういうことか説明しましょう。
　報告は「過去」を共有する。報告と聞いて思い浮かぶのは、日報、月報、出張報告書、営業報告書などではないでしょうか。それらはすべて、過去に起こったことです。つまり報告は、既に実行したことや進捗状況など、過去に起こったことを共有するために行います。
　連絡は「現在」を共有する。現時点で何か知らせておかなければならない情報を共有します。法律や制度、システムが変わった、部署が変わった、メンバーが新しくなったなど、何か変化が起こったときに連絡をすることが多いのではないでしょうか。
　相談は「未来」を共有する。相談しなきゃと思うのは、問題が起こったとき、困難にぶつかったとき、目の前に起こったことをどうすればいいか、自分では判断できないときではないでしょうか。相談することで問題を解決し、困難を乗り越え、よりよい未来を切り開いていく。相談した相手と一緒に望ましい未来を共有するために相談をするのです。
　このように、報告・連絡・相談は、共有する対象が異なるため、気をつけるべきポイントも変わってきます。

報告 「過去」を共有する

例 会議の議事録や営業報告、出張報告、トラブル報告 など

連絡 「現在」を共有する

例 いま知っておくべき情報の共有、制度や手順の変更 など

相談 「未来」を共有する

例 クレームやミス、突然の方針変更、取引条件変更要求 など

報告・連絡・相談は、対象とする時間軸が異なることがポイント！

まとめ

- 時間軸で報連相を使い分けよう
- 何を共有するかを明確にして報連相しよう

なぜ報連相が大事なのか？
【仕事は1人で完結できないから】

　仕事は1人で完結できないものがほとんどです。
　たとえば、開発した新商品をお客さまに販売して買ってもらう場面を思い浮かべてみてください。新商品の企画を考える人、新商品を開発する人、新商品を製造する人、新商品のパンフレットを制作する人、お客さまとの商談を行う人、買ってもらった商品のアフターフォローをする人など、誰かが前にやった仕事を次の人が引き継ぎ、また別の人に引き継ぐということはよくあるのではないでしょうか。
　1つの仕事に多くの人が関わる中で、前の仕事を担当した人が、これまでの状況や今後の流れについて情報を共有してくれなければ、後の仕事を担当する人はいつから何を始めたらいいかわかりません。必要な資料がどこにあるのか、取引先の担当者はどんな人なのか、など必要な情報が得られなければ、担当する仕事をスムーズに進めるのは困難です。また、前の仕事を担当した人が既にやっていたことを知らずに、もう一度同じ作業をしてしまうといった無駄が発生する恐れもあります。
　取引先も、新しい担当者が何も知らないのでは、信用して仕事を任せることができません。

　同じ仕事を複数の人が担当する場合、互いに進捗状況や、現在の状況を共有できていなければ、作業の重複やもれが発生したり、取

引先に対して複数の人から同じ要件で連絡がいってしまったりするといった問題が発生する恐れがあります。そんな問題が頻繁に起きると、「この会社の体制はどうなっているんだろう。ちゃんと内部で連携できているのだろうか？」と取引先から不審に思われたりするかもしれません。

このように、報連相で確実に情報を共有することは、仕事の効率化のためだけでなく、お客さまから信用を得るためにも、とても重要です。

情報を共有しないと……

いつから何を始めたらいいのかわからない……

これまでの資料はどこにあるの？

信用問題だ!!

人によって言っていることが違うと取引先からクレームが!!

別の人が同じ業務をやっていた!!

取引先の担当者はどんな人？

時間のムダ…

まとめ

- 他者と情報を共有して仕事を進めよう
- スムーズな引継ぎのために積極的に情報を共有しよう

よい報連相とは
【よい報連相3つのポイント】

　よい報連相のポイントは3つです。それは、「ピッタリ」「もれなく」「わかりやすい」。

　「ピッタリ」とは、**タイミングや内容が合っている**こと。言い換えると、相手が欲しいときに欲しい情報を渡す工夫をしているということです。「いま自分が都合がいいから伝える」のではなく、「いま相手はこれが知りたいだろうな」というタイミングや、ニーズを見極める必要があります。

　「もれなく」とは、共有が必要な情報が全て入っていること。**情報にもれがない**ことはもちろん、**伝えるべき人にもれなく伝わる**という意味合いも含みます。

　「わかりやすい」とは、自分と相手が同じ理解を共有できていること。そのためには**短く簡潔に伝える**。聞く人によって違う理解にならないように、**あいまいな言葉を使わない**。また、**自分の感想や感情と事実を明確に区別して伝える**ことも大切です。
　詳しくは第3章以降で学んでいきましょう。

ピッタリ 時間がピッタリ
内容がピッタリ

 相手が欲しいときに欲しい情報を伝えよう！

 もれなく 内容がもれなく
伝える相手がもれなく

必要な内容をもれなく、知るべき人全員に伝えよう！

 わかりやすい 簡潔でわかりやすい
誤解なく伝わる

 短くわかりやすく、同じ理解を共有できるように伝えよう！

まとめ

- よい報連相は、「ピッタリ」「もれなく」「わかりやすい」

chapter 1　報連相、これだけは知っておこう！

なぜ報連相がうまくいかないのか
【上司から言われがちな9つの言葉】

あなたは上司から次の言葉を言われたことがありますか？

> ①「あの件どうなった？」
> ②「それは何の話だっけ？」
> ③「だったらもっと早く言ってくれればいいのに」
> ④「そんな話、オレは聞いていない」
> ⑤「それだけじゃわからない」
> ⑥「あなたはどう思う？」
> ⑦「結局、何が言いたいの？」
> ⑧「で、どうしたいの？」
> ⑨「そんな細かいことを言われてもわからない」

　こういう言葉を上司から言われたら、報連相ができているとは言えません。いったい何が問題だったのでしょうか。

■「ピッタリ」が足りない

①「あの件どうなった？」
②「それは何の話だっけ？」
③「だったらもっと早く言ってくれればいいのに」

こう言われるのは **ピッタリ** が足りない証拠！

　①は、相手が待っているのに報連相がないときに言われる言葉です。②は、時間が経ち過ぎて相手の記憶が薄れてしまったときに言われる言葉です。③は、問題が悪化して、いまさら言われてもどうしようもない場面で言われる言葉です。

■「もれなく」が足りない

④「そんな話、オレは聞いていない」
⑤「それだけじゃわからない」
⑥「あなたはどう思う？」

こう言われるのは **もれなく** が足りない証拠！

　④は、あなたが伝えたつもりでも、相手が違う理解をしていたときに言われる言葉です。⑤は、情報が少なすぎて相手が理解できないときに言われる言葉です。⑥は、自分で考えずに相手に解決策を丸投げしたときに言われる言葉です。

「わかりやすい」が足りない

⑦「結局、何が言いたいの？」
⑧「で、どうしたいの？」
⑨「そんな細かいことを言われてもわからない」

こう言われるのは**わかりやすい**が足りない証拠！

　⑦は、何か問題が起こったとき、経緯をこと細かに説明したり、同じことをくどくど述べたりして結論が見えないときに言われる言葉です。⑧は、責任を負うのを恐れて自分の考えを言わないときに言われる言葉です。⑨は、本題と関係があるとは思えない細かい話が続くときに言われる言葉です。

　あなたの報連相に足りないのは、「ピッタリ」「もれなく」「わかりやすい」のどれでしょうか？　報連相した相手からこのような言葉が返ってこないように、相手と共有できる報連相のポイントを学んでいきましょう。

☑「ピッタリ」が足りないと言われないために

- 相手に聞かれる前に報連相をしよう
- タイムリーな報連相を心がけよう
- 悪い情報は早く伝えよう

☑「もれなく」が足りないと言われないために

- 伝えて終わりではなく、相手に伝わったかも確認しよう
- 必要な情報を正確に、抜け・もれなく伝えよう
- 相手に丸投げでなく、自分なりの考えを用意しておこう

☑「わかりやすい」が足りないと言われないために

- 要点を押さえて簡潔に伝えよう
- 結論から伝えよう
- 自分なりの仮説や提案も用意しておこう

詳しくはchapter 3〜chapter 5で学びます！

まとめ
- 9つの言葉を上司から言われないようにしよう
- 何が足りないかを理解して報連相を工夫しよう

報連相は誰のため?
【最もメリットが得られるのはあなたです】

　あなたは誰のために報連相をやっていると思いますか？　多くの人は上司のためと思っているのではないでしょうか。効率よく仕事を進めることができる。安心して部下に仕事を任せることができる。トラブルや問題が発生しても冷静に対処できる。このように上司が得られるメリットは大きいですが、それ以上のメリットを得られる人がいます。それはあなたです。報連相であなたが得られるメリットは３つです。

　１つ目は、**仕事の効率がアップする**。自分が担当している仕事の状況や今後の見通し、発生する可能性のあるリスクなどを周囲に伝えておくことで、何か問題が発生したときに助けを得やすくなります。また、あなたの状況を把握している上司の適切な指示のおかげで無駄な作業をすることなく、効率的に結果を出すことができます。

　２つ目は、**のびのび仕事ができる**。日ごろからこまめに報連相をしていると、上司や周囲の人は「仕事はちゃんと進んでいるのか？」「何かトラブルは起こっていないか？」などを心配する必要はありません。逆に、あなたから報連相がないと上司や周囲の人は不安になって頻繁に報告を求めたり、事細かにチェックするようになるかもしれません。そんな状況になったら上司に余計な手間がかかり、あ

なたも落ち着いて仕事を進めることができなくなるでしょう。

　３つ目は、**やりたい仕事ができるようになる**。報連相を通して上司と密にコミュニケーションが取れることで、あなたが今後やりたいこと、たとえば「将来、海外赴任をしたいので英語を勉強している」や「いま検討が進んでいる新規事業プロジェクトに参加したい」などといった将来の希望をさりげなく上司にアピールすることもできます。もし今後そのような機会があったら、上司は「そういえばあなたがやりたいと言っていたな」と思い出して推薦してもらうことで、結果的に、あなたは自分のやりたい仕事を任せられる確率を上げることができます。

　やりたい仕事を任せてもらうためには、相手の期待に応えることが必要です。期待通りに仕事ができない人がいくら「私はこの仕事をしたいです」とアピールしても、上司はその人を推薦することはないでしょう。適切な報連相をすることは、相手の期待に応える第一歩です。

> **まとめ**
> - 報連相で上司との信頼関係を強化しよう
> - 報連相でやりたい仕事ができる環境を手に入れよう

開かなくても中身がわかる
ファイル名の付け方

　パソコンで作ったワードやエクセルのファイル名、何となく付けている方も多いと思いますが、ファイルを開かないと中身がわからず、必要なファイルを探すのに時間がかかって困ったことはないでしょうか？　そんな悩みを解消するアイデアがあります。ファイル名を見ただけで、中身が何か一目でわかるファイル名を付けることです。

　基本は「日付＋キーワード」です。キーワードは、たとえば提案書であれば、**提案先の社名**、**提案した商品名**、**提案金額**です。つまり、ファイル名は<u>年月日○○社▲▲（品名）提案書金額</u>となります。中身を開かなくてもわかりますね。

　請求書の場合は、請求先の社名、請求金額がキーワードとなります。

　ファイル名に日付が必要な理由は最新のファイルがどれかを区別するためです。ファイル内容に変更があったら、ファイル名の日付を変更して保存します。たとえば提案書であれば、最終的にお客さまと合意した提案書がどれか、ファイル名を見ただけで区別できるようになります。

ファイル名の付け方（例）

種類	キーワード	名前
提案書	社名、商品名金額	20250401A社B商品提案書550000.pptx
請求書	社名、金額	202504C社請求書330000.xlsx

chapter 2
上司のタイプ別 報連相の傾向と対策

相手と共有する報連相ができるかどうかは、報連相をするあなたの伝え方や内容だけではなく、報連相を受ける上司のタイプによっても大きく変わってきます。chapter 2では、相手のタイプ別に、報連相で気をつけるべきポイントをお伝えします。

よい報連相
はじめの一歩は相手を知ること
【タイプごとに最適な報連相のやり方は違う】

　報連相最大の問題は、「言った言わない問題」です。なぜ「言った言わない問題」が起きるかというと、あなたが情報を「伝えた」と思っているのに相手が同じ理解ができていない。言い換えると、相手と同じ理解を共有することができていないからです。

　あなたが伝えたのに相手が同じ理解にならない理由は、伝え方や伝える内容にも原因がありそうですが、それだけでなく、あなたと相手のタイプが違うというのも大きかったりします。

　タイプが違う相手には、「ここまで言えば相手は理解できるだろう」「この順番で話せば納得してくれるだろう」「こういうアプローチをすれば賛成してくれるだろう」が通用しないことがあるのです。

　相手が自分と違うタイプの場合には、相手のタイプに合わせて、相手が理解しやすいように情報を伝える必要があります。

　次ページ以降で、アメリカの産業心理学者であるデビッド・メリル氏が提唱したソーシャルスタイル理論に基づいて分類した４つのタイプと、タイプ別の報連相のポイントを解説します。人間は４つのタイプで分類できるほど単純ではありませんが、大きく分けるとどれかに当てはまるはずです。

4つのタイプ分類

自己主張 ↑

【行動派：ドライバー】
- 結果重視
- 決断と行動が明確で早い
- 率先垂範
- 目標達成
- ストレートな発言が多い
- 話をきちんと聞かない

【感覚派：エクスプレッシブ】
- 雰囲気重視
- ビジョン、夢、情熱が大事
- 話し上手、社交的
- 勝ち負けにこだわる
- 衝動的
- 細かいことは気にしない

← → 感情

【理論派：アナリティカル】
- 計画重視
- 合理的
- 冷静沈着
- リスクを最小化したい
- 批判的な面あり
- 考えすぎて行動できない

【協調派：エミアブル】
- 人間関係重視
- 過程(プロセス)が大事
- 聞き上手、温和な雰囲気
- 共感と信頼
- 他人の目を気にする
- あいまいな指示が多い

この4タイプ分類は、報連相だけでなく、日ごろのコミュニケーションにも役立ちますので知っておいて損はありません。

まとめ

- 報連相をする相手のタイプを見極めよう
- 相手のタイプに合わせて報連相のやり方を変えよう

行動派（ドライバー）上司の傾向と対策
【口癖は「結論は何？」】

　行動派上司は、**結果重視で結論を先に知りたがります**。行動派上司に対して、何か問題があったときに起こったことを時系列で話し始めると、イラっとされるかもしれません。そして、こう言うでしょう。**「何が言いたいんだ」「結論は何？」**

　行動派上司に報連相でイラっとされないためには「今日は〇〇について相談をしたいので、〇分お時間をいただけますか？」と、先に結論を伝えましょう。詳細は相手に「知りたい」と言われてから話せば、イライラしないで聞いてもらうことができます。

　行動派上司には、何十ページにも及ぶ大量の資料を持っていって説明を始めると嫌がられます。まずは要点を1枚にまとめた資料を用意して説明し、必要に応じて詳細資料で補足します。

　また、行動派上司は全てを把握したいタイプなので、こまめな中間報告や進捗報告で最新状況を共有しておくと安心します。

　行動派上司は、問題が起きたときに自分で何も考えずに「どうすればいいでしょう」と、丸投げで相談されることを嫌います。相談する場合には、自分なりの結論を必ず持っていき、「いかがでしょうか」と伝えると親身になって相談に乗ってくれる確率が上がります。

行動派(ドライバー)上司の傾向と対策

傾向

- 結果重視
- 即断即決で時間効率を求める
- 口癖:「要は…」「で?」「だから?」
- 食べるのが早い
- せっかち

対策

- ☐ 進捗や途中経過などをこまめに報告する
- ☐ 結果・結論を明確にして、そこに至るまでの時間をなるべく短くする
- ☐ 自分なりの結論を必ず持参する

まとめ

- 先に結論を伝えよう
- こまめに現状を報告しよう

感覚派（エクスプレッシブ）上司の傾向と対策
【口癖は「やってみよう」】

　感覚派上司は雰囲気重視、**ノリや勢いを大事にします**。熱血タイプの親分肌で「**オレに任せておけ！**」というのもこのタイプです。
　理論派上司のように根拠を求めたり、行動派上司のように結果を求めたり、協調派上司のように根回しを求めることもありません。

　感覚派上司が重視するのは、どれだけ熱意を持っているか。理屈よりも、「とにかくがんばります！」という一言が欲しいのです。あなたの本気度が伝われば、「よし、わかった。あとはオレが責任を取るからやってみろ」と背中を押してくれるはずです。
　情にもろい面もあるので、報連相の際にも客観的な事実に加えて、自分のがんばりや感情、感謝の気持ちなど、主観的な内容も盛り込むと、好印象を持たれる確率が上がります。

　気分の上下が激しく、朝、ドカンと怒ったかと思うと、お昼にはケロッとして「飯でも食いにいくか」と声をかけたりするので、感覚派上司に叱られてもあまり気にしないことです。
　気が変わりやすい面もあるので、何か提案してOKをもらえたら、感覚派上司の気持ちが冷めないうちにテキパキと進めたほうがよさそうです。

感覚派（エクスプレッシブ）上司の傾向と対策

傾向

- 雰囲気重視
- ノリや勢いを大事にする
- 口癖：「全然 OK！」「気持ちがこもっていない」
- 細かいことは気にしない
- 話し上手、社交的
- 勝ち負けにこだわる

対策

- ☐ 要領よく伝える
- ☐ 結果だけを伝えるのではなく
  それに至るまでの感覚的な側面を伝える
- ☐ 途中で話をさえぎらない

まとめ

- ノリや勢いを大事にしよう
- 叱られても気にしないようにしよう

協調派（エミアブル）上司の傾向と対策

【口癖は「◯◯さんはなんて言ってた？」】

　協調派上司は人間関係重視、**温和で人当たりが良く、周囲との調和を大事にします**。あなたが何か提案をすると、その提案内容の良し悪しはさておき、「**部長はなんて言ってた？**」「**他部署ではどうしてる？**」と、周りの意見を気にします。また過去に前例のないことをするのを嫌がるタイプで、「前はどうしてた？」「過去にこういう取り組みはあるの？」とよく聞くのも協調派上司です。

　協調派上司は、優しくてとっつきすい人柄ですが、その反面、慎重で、「新しいことにチャレンジしたい」「すぐ動きたい」というときに、なかなかOKしてくれない傾向があります。

　協調派上司を動かすためには、根回しが不可欠です。先に関係者への根回しを済ませてから提案をすると、協調派上司は安心します。「事前に部長の意向を確認しておきました」と伝えると、「じゃあやってみれば」と言ってもらえる確率が上がるはずです。ただし、協調派上司の中には、自分を飛び越えて上長に話を持っていくと「メンツをつぶされた」と感じる人もいるので、どんな根回しを好むかを把握しておくことをおススメします。
　また、過去の事例や他社の事例などを集めておいて、相談時に紹介するのも有効です。

協調派(エミアブル)上司の傾向と対策

傾向

- 人間関係重視
- みんなで一緒を大事にする
- 穏やかで温和な雰囲気を好む
- 口癖：「みんなで」「いっしょに」「まずはみんなの意見を聞こう」
- 争いを好まない
- 人の評判を気にする

対策

- ☐ 相手の話をまず聞く
- ☐ 前向きに伝える
- ☐ 相手がすぐに結論を出さなくてもイライラしない

まとめ

- 事前に根回しをしてから提案しよう
- 事例や実績を集めておこう

理論派（アナリティカル）上司の傾向と対策
【口癖は「根拠は何？」】

　理論派上司は計画重視、合理的な考え方をします。つじつまの合わないことや、論理が飛躍していることを嫌う傾向があります。また、計画を立てて計画通りに進むことを大事にします。あなたが何かを提案した場合、「**根拠は何？**」「**理由は何？**」と聞くのがこのタイプです。

　たとえば、「1000万円の売上を上げるために、100万円でチラシを作りたい」とあなたが言ったとします。理論派上司は、まず「チラシで1000万円の売上が上がる根拠は？」とあなたに聞くはずです。あるいは、「100万円のチラシが1000万円の売上にどうつながるの？」と論理の飛躍を突いてくるかもしれません。

　手ごわいと思うかもしれませんが、冷静に考えれば、理論派上司は根拠があり、論理の飛躍がなく、つじつまが合っていれば、すんなり納得してくれるので、そのつもりで準備をしておけばいいのです。たとえば、あらかじめ聞かれそうな質問を想定して、根拠となるデータや資料を用意しておく。説明内容に論理の飛躍はないか、つじつまが合っているかどうかを事前に確認して抜けもれがないようにしておくなどです。

　「根拠は？」と聞かれないように準備をしておきましょう。

理論派(アナリティカル)上司の傾向と対策

傾向

- 計画重視
- 冷静沈着で時間をかけて結論を出したい
- 客観性のあるデータなどから結論を出したい
- 口癖：
  「調査」「分析」「検証」「論理的(ロジカル)」
- 難しい言葉が多い
- 整理整頓好き

対策

- ☐ データや裏付けとなる参考資料を携えて結果の説明をする
- ☐ 論理的な展開で会話する

まとめ

- 根拠を聞かれることを想定して準備をしよう
- つじつまを合わせて提案しよう

締切を守る人の２つの「決める」

　仕事をする上で私が一番大切だと感じているのが締切を守ること。どんなにクオリティの高い仕事をしても、締切に遅れたら０点です。さらに相手と長い時間をかけて築いてきた信頼関係が一瞬にして崩れてしまう恐れもあります。では、どうしたら締切を守れるか。私は次の２つを心がけています。

1 自分で締切を決める

　たとえば研修の講師を務める場合、配布資料の提出期限は要望がなければ実施７日前12：00までを提案します。もし依頼元から「もっと早く」と言われたら、できる限り対応しますが、難しい場合は自分で決めた締切を再提案します。自分で締切を決めることで、締切を守る意識を高めることができるからです。

2 着手日を決める

　締切が守れない方には共通点があります。それは着手が遅いということ。たとえば丸１日あれば終わると予想した仕事を頼まれた場合、締切を守れない方は締切当日の朝に着手します。何もなければ問題なく終わりますが、緊急事態やトラブルに巻き込まれてしまうと着手できず、結果として締切に遅れてしまうのです。

　そうならないように、私は着手日を決めます。目安は丸１日かかる仕事なら１週間前。２～３日程度なら２週間前。１週間程度なら１か月前に着手します。とくに初めての仕事は予想より時間がかかることが多いので、何か問題があっても途中でリカバリーできるように、可能な限り早く着手できるようスケジュールを調整します。

chapter 3
成果につながる報告のコツ

報告とは、過去を共有することです。chapter 3 では、仕事の成果につながるピッタリ、もれなく、わかりやすい報告のポイントをお伝えします。

> **ピッタリ報告**
>
> # タイミングを逃さない
> ## 【仕事は指示に始まり報告に終わる】

「**仕事は指示に始まり報告に終わる**」という言葉があります。依頼された仕事を終わらせたとしても、終わったことを報告しなければ、その仕事は終わりではありません。

報告が必要な場面は4つです。

① 指示されていた仕事が終わったとき
② 指示された仕事が納期までに終わりそうにないとき
③ 長期間にわたる仕事の節目
④ トラブルが発生したとき

①は**仕事が終わったタイミング**で「ご依頼いただいた〇〇の作業、終わりました」と報告すればOKです。ところが、この報告をしない人が時々います。なかなか報告がないので上司が「あの仕事どうなった？」と聞いたら、「昨日終わって、データをクラウドの共有フォルダに格納しておきました」との返事。これでは依頼された仕事ができたとは言えません。

②はわかったら**すぐに報告**することがとても大事です。なぜなら、納期に間に合わないことが早めにわかれば、納期通り仕事を終えるために必要な人員を手配したり、取引先に納期を伸ばしてもらう交渉をしたりするなどの対策を取ることができるからです。納期ギリギリに言われても打つ手がありません。

③はタイミングが重要です。目安としては、**1週間程度の仕事なら中間地点**、例えば月曜に頼まれた仕事なら水曜日に報告します。**1カ月程度の仕事なら週1回**の頻度、**3か月以上かかる仕事なら月1回**の頻度で報告するのがよいでしょう。途中経過を報告することで、「作業が滞りなく進んでおり、何か問題があっても早めに報告してくれるだろう」と上司は安心してあなたに仕事を任せることができます。

　④はトラブル発生がわかったら、すぐに報告してください。早ければ早いほど傷が浅くすむからです（次項も参照のこと）。

　それでも、いつ報告したらいいかタイミングがわからない、と悩んだときは「迷ったら報告する」を実践してください。報告をしなくて叱られることはあっても、報告しすぎで叱られることはありません。報告したときに「そんなに細かく報告しなくていいよ」と言われたら、頻度を減らせばいいのです。

報告は主に3種類ある！

	タイミング	内容
結果報告	指示された仕事を終えたとき	指示された仕事をどのように終えたか
中間報告	定期的に行う ・1週間程度の仕事　期間の半分が経過したとき ・1か月程度の仕事　週1回 ・3か月以上かかる仕事　月1回	これまでの進捗状況、今後どう進めるのか
トラブル報告	トラブル発生がわかったら速やかに	トラブルの状況を報告し、どう対応すべきか指示を仰ぐ

まとめ

- 4つの報告タイミングを逃さないようにしよう
- 迷ったら報告しよう

> ピッタリ報告
悪い情報は早く伝える
【時間が経つほど状況は悪化する】

「**悪い情報は早く伝える**」は、報告のとても重要なポイントです。なぜならほとんどの場合、悪いことは時間の経過とともに事態がどんどん悪化したり、影響が大きくなったりしてしまうからです。早く手を打っておけば解決にそれほど手間はかからなかったのに、報告が遅れて事態が悪化すると、その事態を収拾するために多くの人手や費用がかかるだけでなく、最悪の場合、問題が解決できず会社に多大な損害を与えてしまう恐れもあります。

会社の資源とは、ヒト（労働力）、モノ（設備、材料など）、カネ（資金）、時間のこと。あなたの悪い報告が遅れると、会社の資源を無駄遣いし、会社に多大な損失を与えることになりかねません。

とはいえ、「悪いこと」を報告するのは勇気がいるものです。自分の失敗が原因であればなおさらです。上司に言う前に自分でなんとかしようと思う人も少なくないでしょう。でも、たいていはうまくいきません。"自分でなんとかできるかどうか"も含めて、判断は上司に任せたほうが問題発生時の影響を最小限に食い止めることができます。報告すれば上司が、部署内で解決できる問題か、組織として対応したほうがよい問題か、それともあなた自身が解決できる問題かを判断してくれるはずです。

報告しなければ発生した問題の責任はあなたにありますが、上司に報告すれば、その責任は上司に移ります。

　報告したその場で多少叱られても、報告が遅くなって会社に多大な損害を与えてしまうことに比べたらたいしたことはありません。もしかしたら叱られるどころか「あなたの素早い報告のおかげで事態が大きくならずにすんだ。ありがとう」と上司から感謝されるかもしれません。

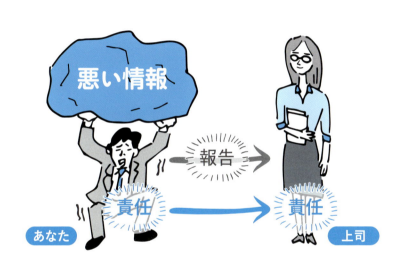

悪い情報は上司に伝えることで、上司に責任が移ります。

> **まとめ**
> - 事態を悪化させないために早く伝えよう
> - 叱られることを恐れずに早く伝えよう

chapter 3　成果につながる報告のコツ

> ピッタリ報告
ウソはつかない
【ウソは必ずバレる】

　誰でもウソはよくないということを知っています。そして、できるだけ正直でありたいと考えるものです。
　しかし仕事ではそうも言っていられない状況がよくあります。たとえば、自分が受けたお客さまからのクレームや自分が起こしたミスはできれば報告したくないものです。その報告によって自分の評価が下がるかもしれないし、上司の期待を裏切ることになるかもしれないからです。その結果、ついウソの報告をしてしまったということは少なからずあるのではないでしょうか。

　ウソの大半は大きなウソではなく、小さなウソです。
　「何か問題はありますか？」と聞かれて、問題があるのに「問題ありません」と答えたり、成約の見込みが薄いのに「おそらく大丈夫です」と言ったりする。「……この程度のウソならバレないだろう」と思っているかもしれませんが、上司やお客さまには確実にバレます。
　なぜウソをつくことがよくないのか。理由は２つあります。１つは、たとえ小さなウソでもバレてしまうと一瞬でお客さまや上司からの信頼を失ってしまうからです。もう１つはウソをつくことがクセになってしまうからです。

　１つひとつのウソは小さくても、そのウソをとりつくろうために

ウソを重ねなければならなくなります。ウソは積み重ねることでどんどん大きくなり、最終的には取り返しのつかない事態に陥ってしまいます。そうならないように、正直に伝えましょう。正直に伝え続けることで、相手はあなたを信頼できる人間と認めてくれるようになるでしょう。

 お客さまに見積書は出したのか？

 (あ、忘れてた) はい、昨日送りました。

 返事は？　先方はすぐ決めるって言ってたけど。

 えっと、思いのほか時間がかかるらしくて…

 そう、じゃあ私からも電話をしておくよ

 えっ！！それは困ります！！

 ？

一度ウソをつくとバレるまでウソを重ねなければならなくなってしまう。そんなことなら最初から正直に言ったほうがいいですよ。

> **まとめ**
> - 自分が起こしたミスも隠さず伝えよう
> - 相手の信頼を得るために正直に伝え続けよう

もれなく報告
報告は義務
【報告がなければ次の仕事が始まらない】

　36ページでも述べましたが、仕事は指示に始まり報告に終わります。指示された仕事を仕上げたとしても、報告しなければ仕事は終わりではありません。指示された仕事に対して**報告をすることはあなたの義務**です。

　仕事の多くは上司から指示や命令を受けて始まります。あなたに仕事を指示した上司は、あなたが順調に仕事を進めているか、いつごろ終わりそうかを知りたがっています。つまり指示をした仕事に対するあなたの報告を待っているのです。なぜ待っているかというと、上司はあなたの報告によって進捗状況を知り、次の仕事を進めるダンドリを考えなければならないからです。指示された仕事に対して「あの仕事どうなった？」と上司から聞かれるのは社会人として恥ずかしいことであると理解してください。

　報告は、抜けやもれがあってはいけません。抜けやもれがあると、上司は状況を正しく把握できず、適切な調整や意思決定をすることができなくなるからです。たとえば営業報告書に品番、数量や納期といった大事な情報が抜けていると、製造部門をはじめ社内各部門との調整ができず、結果的に納期が守れないという事態を招いてしまう恐れがあります。だから、もれなく報告することが大事なのです。

Q 報告はメールでしてもいいのですか？

A 指示を受けたときの方法に従えばよい。

　仕事の内容や重要度にもよりますが、基本的に、指示を受けたときの方法と同じ方法で報告すれば問題はありません。つまり、メールで指示を受けたならメールで報告、対面で指示を受けたなら対面で報告すればOKです。

　急ぎの仕事の場合や、依頼された仕事の完了が締切ギリギリになった場合はまずメールで連絡して、そのあとで対面や電話で「完了しました」と報告すれば確実に相手に伝えることができます。

　メールで報告したら返事があるはずなのに、1日以上経っても返事がなければ、相手はメールを見落としている可能性があります。この場合は「○日にお送りしたメールはご覧いただきましたでしょうか」といったように改めて確認のメールを送ったり、必要に応じて電話などでフォローすると安心です。

まとめ
- 意思決定の判断材料を報告で提供しよう
- 「どうなった？」と聞かれる前に報告しよう

もれなく報告
5W1Hを押さえる
【指示されたことを確実にメモする】

　もれなく報告するためには、上司からの指示をもれなく聞き取る必要があります。そこで大事なのが「メモを取る」こと。簡単な要件でも日々の仕事に追われて忘れてしまうということは誰にでもあるからです。

　メモを取る目的は３つです。１つ目は、**自分が忘れないため**。２つ目は、**上司を安心させるため**。メモを取らないで指示を聞く相手を見ると上司は不安になります。「ちゃんと聞いているのだろうか？」「メモなしで指示通りにできるのだろうか？」……。メモを取らない部下よりも、メモを取りながら指示を聞く部下のほうが上司は安心できます。

　そして３つ目は、**あなた自身を守るため**。もしあなたが指示どおりに仕事ができなかった場合、メモを取っていなければ「ちゃんと指示を聞いていないからだ」と、確実に叱られます。でも、あなたがしっかりメモを取っていたら、上司は「指示内容が難しすぎたのだろうか？」など、できなかったのはあなたのせいではなく、何か他の理由があったのでは、と考える可能性が高くなります。

　メモを取る際のポイントは２つ。**①疑問は必ず確認する**。上司が話している間はさえぎらずメモを取りながら聞き、疑問がある場合

は一通り上司の指示が終わってから、その場で確認しましょう。「上司は忙しそうだからあとで余裕がありそうなときに聞こう」などと遠慮することはありません。確認をしないでミスをするより、上司に煙たがられても疑問はその場で確認したほうが、上司の指示に確実に応えることができます。

　②**復唱する**。飲食店で注文すると、お店のスタッフが「ご注文をくりかえします」と注文を確認しますよね。これと同じことを、指示を受けた後にやります。上司の指示を復唱して、自分の理解と上司の指示内容に食い違いがないかを確認します。「はい、わかりました」だけでは本当に理解したのか上司も不安です。

　指示がもれなく聞けているかチェックする際に有効なのが5W1Hです。上司は全てを言葉にしないこともあります。上司の指示に5W1Hが網羅されているか、チェック表を作るなど確認できる状態にしておき、抜けている情報があったら遠慮せず質問してください。

5W1Hとは

Who	（誰が）	対象者、相手、担当者、責任者など
When	（いつ）	年月日、時間、期間、期限、納期など
Where	（どこで）	場所、位置、住所など
What	（何を）	対象、用件、内容など
Why	（なぜ）	理由、目的、意図、根拠、背景など
How	（どのように）	方針、方法、手段、手順など

まとめ

- あなた自身を守るためにメモを取ろう
- ５Ｗ１Ｈでもれなく聞こう

もれなく報告
優先順位を意識する
【重要度の高いことから先に伝える】

　報告の際に押さえておきたいのは、**相手が何を知りたいか**です。上司が知りたいことは主に以下3点です。

- 次の指示を出すために必要な情報
- うまくいっていないことなどマイナス情報
- いま進めている仕事の進捗情報

　その中でさらに優先順位をつけるとすれば、**重要度と緊急度の2軸で考える**と判断がしやすいです。重要度と緊急度の両方が高いことが最優先ですが、もし「重要度は高いが緊急度は低い」ことと、「重要度は低いが緊急度は高い」ことがあったら、どちらを優先すればいいでしょうか。場面にもよりますが、重要度が高いほうが優先度が高いことが多いです。重要度が高いとは、影響力が大きいことです。たとえば、多くの顧客に影響を与える問題、会社の社会的信頼を損なう問題、売上を大きく下げてしまう問題などが挙げられます。

　1回の報告で複数のことを説明しなければならない場合、ひとつひとつの事柄をわかりやすくするために、「ナンバリング」という手法を使うとよいでしょう。ナンバリングとは、それぞれの項目に番号を割り当てること。「報告したいことは3つあります。1つ目は…、2つ目は…、3つ目は…」というように、最初に話したいテーマを

宣言してから、個別の説明を始める伝え方です。

この方法を使うと、「これから何について話すか」が明確になり、聞き手も聞く準備を整えることができます。また、聞き手に時間がない場合は、「今回は1番だけ報告して」というように、聞き手がいま知りたい情報を選択できるメリットもあります。

ナンバリングは3つがおススメです。3は相手の記憶に残りやすく、負担にならない量だからです。多くても5つくらいまででまとめましょう。

重要度・緊急度のマトリクス

	高い×低い	高い×高い
重要度	次に報告する	最初に報告する
	低い×低い	低い×高い

（横軸：緊急度）

まとめ

- 相手の知りたい情報を報告しよう
- 優先順位は重要度と緊急度で判断しよう

わかりやすい報告
結論を先に伝える
【上司が一番知りたいのは結果】

　報告のときに、「結局どうなったんだ？」「結論から言いなさい」と言われたことはないでしょうか。

　あなたが上司の指示した仕事にどう取り組んだのか、苦労をした仕事であればあるほど、プロセスを長々と語りたくなるものですが、**上司が一番知りたいのは結果**です。

　よって、報告するときには、まずは結論＝「できました」「できていません」を先に伝えます。結論から伝えるために以下3つを報告前に整理しておきましょう。

- **できた部分とできていない部分**
- **できていない点の原因**
- **できていない点の今後の対策**

　できていないことは上司から間違いなく突っ込まれますので、原因と対策は報告前に必ず、自分なりに整理しておいてください。

　一番まずいのは、ただ「できていません。どうしたらいいでしょう」という報告です。これでは、「言われたことをやるだけで、自分では何も考えていないんだな」と上司に思われてしまいます。間違っていてもいいので、自分なりに原因や今後の対策を考えておく。も

し考えてもわからなければ、「考えたけどわかりませんでした」と正直に言ってOKです。何も考えずに「どうしたらいいでしょう」と今後の対応を上司に丸投げするより印象はよいはずです。

　結論を先に伝えるのは、メールの場合も同じです。
　まずはタイトル。「報告：〇〇の進捗状況」といったように、タイトルだけで何のメールかわかるように意識して設定しましょう。
　本文では、前項で紹介したナンバリングを活用して、「〇〇について３点ご報告します。１つ目は……」のように伝えると理解しやすいメールになります。もし上司からの回答や確認が必要な場合は、「いついつまでにご返信いただけるとありがたいです」なとど書き添えてください。

時系列で経緯をだらだら述べたり、思いつくままに述べたりすると相手は聞く気をなくしてしまいます。
先に結論を言ったほうが、相手も話の全容を理解しやすくなりますよ。

まとめ
- 先に結論を伝えよう
- 理由や今後の対処を自分なりに整理しておこう

わかりやすい報告
事実と主観を分ける
【「多分」「〜だと思う」は報告には不要】

　報告する際に注意しなければならないのは、**事実と主観を使い分ける**ことです。

　主観とは、その人の個人的な意見や解釈、印象などのこと。事実は1つでも、それをどのように解釈するか、どういう意見を持つか、どういう印象を受けるかは人それぞれです。この点をしっかり認識して、事実と主観を混在させないように報告しましょう。

　たとえば、取引先に新しい企画の提案を行った結果を上司に報告する場面を思い浮かべてみてください。

「新しい企画の提案、先方はなかなか斬新な企画だと喜んでおられました。おそらく大丈夫でしょう」

　このような報告では、上司からすると部下の報告のうちどこまでが事実で、どこまでが部下の主観なのか区別がつきません。新しい企画に対して、どうして「大丈夫」と言えるのか。先方が喜んでいたというのは部下の印象なのか、それとも何かそれらしい言葉を言ったのか。上司の頭の中は、こんな疑問でいっぱいになるでしょう。

　わかりやすい報告を目指すなら、
「新しい企画を提案したところ、先方の担当者に『いいですね。取締役会に上げてみます』と言っていただけました」

と、事実だけを伝えてください。この報告であれば、「最終決定は取締役会の結果次第」ということが正しく伝わり、上司も今後の作戦が考えやすくなります。

報告に「多分」や「〜だと思います」といった主観は不要です。もし主観を加える場合は**「私見ですが」「個人的な意見ですが」**というように、自分個人の考えであることを明らかにしてから伝えると、事実か主観かが明らかになり、混乱を避けることができます。

顔の表情や態度だけで判断をするのは危険

お客さまが「前向きに検討します」と言ってくれたり、にこやかに対応してくれたりすると、「よい返事がもらえるだろう」と期待したくなるものです。でも、あとから電話やメールで「やはりお断りします」と言われることは案外多いもの。誰でも面と向かって嫌なことは言いたくないからです。

では、あとでがっかりしないためにどうしたらよいか。答えは質問で相手の言葉を引き出す。「いつお返事いただけますか？」「それはOKということでしょうか」など、質問を駆使して相手の意思を具体的に言葉で引き出します。そうすれば、勝手に期待して、あとでがっかりする事態は減るでしょう。

まとめ

- 主観は入れず事実だけを報告しよう
- 主観を伝えるときは「私見ですが」など一言添えよう

chapter 3　成果につながる報告のコツ

わかりやすい報告
型を使って伝える
【何を伝えるかを先に決める】

あなたは報告書の作成は得意ですか？

口頭で報告をした後、詳しい経緯や具体的な内容を文書でまとめるように上司から指示されたときに作成するのが報告書。作成が苦手な方も少なくないようです。報告書作成が苦手な人は、何を書いたらいいかわからない、書いて出したら何度も添削されて再提出を求められて嫌になったと感じている人が多いようです。

そんな悩みを解決するためのおススメは型を使うこと。54ページに例を載せていますので参考にしてください。

書くときには、以下5つのポイントを押さえて書けばOKです。

① タイトル

パッと見て何の報告かが一目でわかるようにタイトルをつける。
例 「A社初回ヒアリング結果報告」「B社Cサービス提案結果報告」

② 結論

できたのか、できていないのか。OKだったのか、断られたのか。予定どおりなのか、遅れているのかなど、感情を交えず事実を明確に伝えます。

③ 正確な表現

結論に至った経過などを正確かつ具体的に記します。必要に応じて資料の出所を明記したり、引用したデータを添付したりすることで正確性を裏付けることができます。

④ 簡潔にまとめる

1文1テーマとし、**1文を短く**、**小学5年生でもわかる**シンプルな文章で書きましょう。文字数の目安は1文50文字以内。50文字を超える場合は文を分けます。場合によっては図表や画像を添付するなど、わかりやすくなるような工夫をしてください。

⑤ 誤字・脱字をなくす

報告書は記録として残るので、誤字・脱字がないか確認してから提出しましょう。とくに社外に提出する報告書の場合、自社の信頼性にも関わるので十分なチェックが必要です。なお文章をチェックする場合は声に出して読む音読がおススメです。

次ページの例などを使って書くと、自分でゼロから作るより簡単によいものができます。

まとめ

- 報告書は短く簡潔にまとめよう
- 最初に結論を伝えよう

報告書の書き方例

訪問日時	2025/5/23（金）15：00～16：00
訪問先	●●株式会社
	営業統括部　◆◆部長、▼▼課長、▲▲主任
担当	第一営業部　▽▽課長、△△
目的	・新商品A提案 ・新商品A概算金額の提出
結果	条件付きで新商品Aを注文いただけることになった。
特記事項	以下条件で当社が対応できるか持ち帰り確認する。 ① 納期を標準より1週間早めてほしい。 ② 2セット購入するので3％値引きしてほしい。
宿題	先方より提示された条件への対応可否を 6/2（月）17：00までに回答する。
今後の対応	条件①は製造部の○○課長に対応可否を確認する。 条件②は営業本部の□□事業部長に確認する。 上記回答を取りまとめて6/2（月）13:00までに ●●株式会社の◆◆部長へメールで回答する。
参考情報	以前他社で導入したBが老朽化のため リプレースを検討中とのこと。 次回訪問時にBと同等の機能を持つ当社F1を 提案予定。
資料	提出：新商品A提案書
作成	第一営業部　△△

chapter 4
一目おかれる連絡のコツ

連絡とは、現在を共有することです。chapter 4では周りから一目おかれる、ピッタリ、もれなく、わかりやすい連絡のポイントをお伝えします。

ピッタリ連絡
相手が欲しい情報を知る
【情報通で周りから一目おかれる存在になる】

　連絡とは、**現在の情報を共有する**ために行うものです。業務上必要な情報や、関係者に共通認識として知っておいてほしいことなど、幅広いテーマを扱います。

　連絡で大事なことは、自分が伝えたいことを自分の好きなタイミングで伝えるのではなく「相手にとって役に立つことを相手が必要としているタイミングで伝える」こと。そこで欠かせないのが「相手が欲しい情報を知る」。そのためには、相手に関心を持ち相手を知ることです。一緒に働く自分以外の方々がいまどんな仕事をしているか、どんな問題を抱えているかなどをキャッチできるように、常にアンテナを高く張っておきます。相手が欲しい情報を知るおススメの方法が３つあります。

　１つ目は行動予定。時間があるときに社内のグループウエアやスケジューラーで自分の周りの方々の**行動予定**をチェックしてみましょう。2つ目は**定例会議**。それぞれの担当者が報告した内容に関心を持って聞きましょう。定例会議の報告から、誰がどんな取引先を担当しているのか、どんなプロジェクトに関わっているのかなど担当業務に関する情報が得られることで、各担当者の状況がわかり、自分が知っている情報が誰の役に立つか見当がつくようになるでし

ょう。相手に有益と思われる情報を「こんな情報がありましたよ」と知らせることができると、相手が既に知っている情報であっても、わざわざ知らせてくれたあなたのことを悪く思わないはずです。

　３つ目は**電話**。最近は社内で電話を取る機会は少ないかもしれませんが、もし機会があるなら電話は率先して取ってください。電話を取ることで他の担当者がどんな取引先と仕事をしているかや、どんなやり取りをしているかを知ることができます。伝言を頼まれることで相手の仕事の内容に対する理解を深めることもできます。

　情報は自分から発信することで、自分にも情報が集まる環境を作ることができます。あなたに聞けば自分が必要としている情報を教えてくれるという評判が広がれば、あなたは周りから一目おかれる存在になることができます。

情報通になるコツ

相手を知る ➡ 相手に関心を持つ
① 相手の行動予定を知る
② 相手の担当業務を知る
③ 電話は率先して取る

まとめ

- 相手の欲しい情報を欲しいタイミングで提供しよう
- 欲しい情報が何かを知るために相手に関心を持とう

ピッタリ連絡
適切な手段を選ぶ
【万能な連絡手段はない】

　隣の席にいて直接話せばすむ内容にも関わらず、メールやメッセンジャーを使って伝える人、あなたの周りにいませんか？　メールは相手の都合を考えずに手軽に送れる反面、感情が伝わりにくく認識のズレが生じやすいツールです。

　約束を当日キャンセルするなど、緊急度の高い用件をメールで伝えて「連絡したから大丈夫」と思いこんでいる人がいますが、これは大変危険です。メールは相手がいつ見るかわかりません。相手が見ていなければ「連絡した」ことにはならないのです。このように相手にきちんと用件を伝える必要がある場合は、電話が確実です。

　ミスをして謝罪をする場合もメールはおススメできません。「こんな大事なことをメールですませるなんて、自分を軽く見ている」と思われる恐れがあるからです。

　一方でメールには電話や対面のように相手の時間を煩わせることがない、履歴が残る、一度に複数の人に連絡できるなど、メールならではの良さがあります。**万能な連絡手段はありません。**それぞれの連絡手段のメリット・デメリットを知ったうえで、目的や用途に応じて適切な手段を選ぶことが重要となります。

連絡内容によって適切な連絡手段を選びましょう

	メリット	デメリット	適する場面
対面	・相手の反応がわかりやすい ・細かいニュアンスがよく伝わる	・時間、空間ともに相手を拘束してしまう	謝罪したい／重要なことを伝えたい
電話	・確実に用件を伝えられる ・細かいニュアンスがよく伝わる	・「言った、言わない」トラブルになりやすい ・相手の業務をさえぎってしまう ・つながらない場合、何度もかけ直す必要がある	至急確認したい／相手の状況を感じ取りながらコミュニケーションをとりたい
メール SNS チャット	・瞬時に相手に届く ・相手のタイミングで読める ・相手にも自分にも記録に残る	・細かいニュアンスが伝わらない ・緊急時に相手が見る保証がない ・相手の反応が見えない	複数の相手に情報を伝えたい／データを送りたい／履歴を残したい
FAX	・比較的、短時間で届く ・相手のタイミングで読める ・相手にも自分にも記録に残る	・FAXがない会社が増えている ・相手にいつ届くか、わからない ・送り間違いがある ・相手の反応が見えない	履歴を残したい
手紙	・相手のタイミングで読める ・手書きだと感情が伝わりやすい	・到着までに時間がかかる ・相手の反応が見えない	気持ちを伝えたい

まとめ

- 手段ごとのメリットとデメリットを理解しよう
- 目的、用途に応じて適切な連絡方法を選ぼう

ピッタリ連絡
タイムリーに伝える
【思ったらすぐ連絡する】

　何か情報を得たときに、「時間ができたら連絡しよう」と思っているうちに時間が経ってしまってタイミングを逃したり、忘れてしまったりしたことはないでしょうか。これを防ぐための対策は、「**思ったらすぐ連絡する**」。すぐ連絡することを習慣化することで、周りから「何かあったらすぐに連絡をしてくれる人」と思ってもらえるようになり、結果的に取引先や上司から信頼される存在になることができます。

　タイムリーな連絡のタイミングは2つです。
　①仕事に変化が発生したときと、**②新しい情報が入ったとき**です。
　①は取引先の状況や人事異動、システムや制度の変更など。業務に直接影響しますので、情報を得たら整理して速やかに連絡しましょう。

　②は、鮮度が重要ではあるものの、速ければいいわけではありません。必要なのは入手した情報の正しさ。得た情報が正しいことを確認してから連絡しましょう。とくにインターネット上で流通している情報は事実と異なるものも多いので、情報源を確実に押さえることをおススメします。

こんなときは連絡しよう！

変化があったとき

- 取引先の状況が変わった
- 担当者が変わった（人事異動）
- 連絡先が変わった
- 制度・システムが変わった　など

新しい情報が入ったとき

- 業務に関する新情報
- 取引先に関する新情報
- 競合他社の最新動向
- 業界の最新情報　など

> **まとめ**
> - 適切な連絡タイミングを理解しよう
> - 連絡前に正しい情報かどうかを確認しよう

chapter 4 | 一目おかれる連絡のコツ

もれなく連絡
全員に伝える
【リストアップでもれを防ぐ】

　もれなく連絡には、**関係する全ての人に確実に伝える**ことも大事です。関係者の中で1人でも伝わっていない人がいたら、その連絡は失敗です。「オレは聞いていない」とトラブルになったり、表立って言わなくても気分を害している恐れがあったりします。

　そうならないために欠かせないのが**関係者全員を事前にもれなくリストアップしておく**こと。連絡が終わったらリストに印をつけてチェックすることで、連絡した人と連絡していない人が一目でわかり、結果的に全員にもれなく伝えることができます。

　メーリングリストやチャットグループなど、ツールの機能を使えば便利ですが、安易に使うと情報が必要ない人にまで届いてしまう恐れもあります。そうならないように機械的に送るのではなく、**その情報が必要な人を選んで送るように**しましょう。メールのCCも同様です。本人は情報共有のつもりかもしれませんが、CCで設定されたメールが大量に届くことで相手にとって必要なメールが埋もれてしまう恐れがあります。

　連絡は大きく分けると「部内連絡」「社内連絡」「社外連絡」の3種類あり、それぞれに気をつけるポイントが異なります。

連絡の種類と気をつけるポイント

	気をつけるポイント	特徴
① 部内連絡	関係者にもれなく	最も日常的で頻繁。内容は具体的かつ詳細。部内関係者は同じ情報を共有する必要があるため、スムーズで的確な対応が必要。
② 社内連絡	丁寧かつ わかりやすく	組織の枠を超えたやり取り。顔の見えない関係者に伝えることが多いので丁寧な対応が必要。
③ 社外連絡	相手の気持ちに配慮する	お客さまや取引先との関係に影響するため、相手への配慮が重要。

> メールで社外に連絡する場合は敬語の間違いにも注意しよう。不安なら送信する前に上司に確認をお願いしよう。

まとめ

- 全ての関係者に確実に伝えよう
- 種類に応じて適切な連絡を心がけよう

もれなく連絡
正確に伝える
【復唱で確認する】

　連絡は「**正確に伝える**」ことが大切です。間違えて伝えてしまうと、上司やお客さまに迷惑がかかり、結果として、あなたの評価が下がってしまうからです。とくに、日付や発注量などの数字は絶対に間違えてはいけません。数字の間違いは、ちょっとした不注意から大きな損害やトラブルになってしまう恐れがあります。

　対面や電話でやり取りした場合、「１（イチ）と７（シチ）」「４（シ）と７（シチ）」「６（ロク）と９（ク）」は聞き間違えやすいので、復唱するなどして互いの理解にずれがないか確認しましょう。もし相手がはっきり日時や数字を言わない場合は「〇月〇日でよろしいですか？」「〇個でよろしいですか？」など、こちらから確認してください。

　口頭で確認した場合、あとからメールなど文字を使ったコミュニケーション手段で「先ほどの件、以下の通りで間違いないでしょうか」といったように確認することでトラブルを避けることができます。

　数字を正確に伝える場合のポイントは３つです。

① 省略しない

　日付は常に「〇月〇日」の形式で連絡します。何月かを省略して何日かだけを伝えると、今月のことか来月のことかわからなくなることがあるからです。

② 時刻は24時間表記で

時刻は常に24時間表記を使用しましょう。「8時」と言われると、朝の8時か夜の8時か迷うことがあります。「午後8時」は「20時」と表記すれば、午前・午後が抜けても間違いを防ぐことができます。

③ あいまいな表現はしない

「今週末」「朝イチ」「月末」「そのうち」「早急に」などの表現は、相手によって受け取り方が大きく異なるものです。たとえば、「今週末までに」と言われたら、「金曜の9時（始業まで）」「金曜の18時（終業まで）」「金曜の23時59分まで」「月曜の9時（どうせ見るのは週明けだから）」のように4つの解釈が可能です。もし相手が「今週末までに」と言ってきたら、「では金曜の18時まででよろしいですか」と、曜日と時間を確実に確認するようにしてください。

締切を「今週末まで」と言われたとき、相手が金曜9時まで、あなたが金曜18時までと理解していたら、金曜9時までに提出しないあなたは「締切を守れなかった」と相手に認識され信用を失うからです。

上司に「時間があるときにやって」と言われたら（本音は「いますぐやって」だと思いますが）「いつまでにやればいいでしょうか」と必ず確認してください。あいまいなままですませないことが大事です。

> **まとめ**
> - 数字は口頭だけでなく文字でも確認しよう
> - 省略やあいまい表現は具体的に言い換えて確認しよう

もれなく連絡
伝わったかを確認する
【伝えて終わりではない】

　報連相に限らず、コミュニケーションで大事なことは「伝わったかどうか」です。

　最も気をつけなければいけないのはメールやSNS、チャットなど文字によるコミュニケーションです。

　メールやSNS、チャットは相手が確認したかどうかを、こちらで知ることはできません。あなたが「メールで送ったから伝わったはず」と思っていても、相手が確認していなければ伝わったことにはなりません。

　「自分はちゃんと送ったのだから確認しないほうが悪い」と思うかもしれませんが、よく使うコミュニケーション手段は人によって違います。

　メールやSNS、チャットなど自分から確認する必要がある手段の場合、言われなければ確認しない人は案外います。確認頻度が低い人に対しては、直接会ったときや電話で「メールで送りましたよ」と一言添えるとよいでしょう。

　あるいは、メールに「いつまでにお返事をください」と**返信期限**を

書いておき、期限までに返事がなければ「先日お送りしたメール届いておりますでしょうか」と再びメールを送り、さらに電話でも確認すれば、「送ったのに伝わっていない」問題を避けることができます。

メールの確認頻度は人によって違います

出張が多くてなかなかメールチェックができない

大事なことは電話で知らせるものだと思っている

アナログ人間なのかも…

そもそもメールやSNS、チャットをあまり見ない

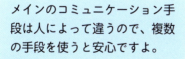

メインのコミュニケーション手段は人によって違うので、複数の手段を使うと安心ですよ。

まとめ

- 伝わったかどうかを確認しよう
- 確認できなければ別の手段でフォローしよう

わかりやすい連絡
目的を明確にする
【目的なき依頼には応えにくい】

　連絡は多くの人に間違いなく伝わるように必要最小限の簡潔な内容になりがちです。そのため、どうしてその連絡が必要なのか、何のために連絡しているのかといった、連絡の本来の目的が欠落した状態で伝わってしまうことが少なくありません。

　たとえば何かを依頼するとき、「いつまでに〇〇をしてください」だけでは、何のためにそれを行う必要があるのか、どの程度重要なことなのかが相手に伝わりません。すると、「自分ひとりくらい、やらなくても問題ないだろう」「いま忙しいので対応している時間がない」などと思われてしまい、依頼が実行されずに支障をきたす場合があります。

　相手に納得して依頼事項に取り組んでもらうためには、ただの作業指示だけではなく、「なぜその作業が必要か(目的)」「それをすることでどうしたいのか(期待効果)」を明確にすることが重要です。
　相手になんらかのアクションを求めるのであれば「報告書にまとめてください」「〇〇をメールで送ってください」といったように具体的な行動を指定すると相手も対応がしやすくなります。

　手続きやルールの変更など、「何かが変わる」という連絡の際も、

なぜ変わるのか、理由や目的がないと、「一方的に通告された」と反発したり拒否反応を示したりする人が出てくるかもしれません。この場合は「みなさんの負担を減らすために○○を変更しました」などのように理由を添えることで、「それなら仕方がないな」と相手に素直に受け入れてもらえる確率を上げることができます。

簡潔でわかりやすいことは連絡の重要なポイントですが、それを受け取るのは生身の人間です。どんな伝え方をすれば気持ちよく協力してもらえるか、相手の立場になって考えることが大切です。

まとめ
- 依頼するときは目的と理由も伝えよう
- 受け取る相手の気持ちを考えよう

わかりやすい連絡
相手の状況を考える
【コミュニケーションは受け手が全て】

　連絡を含む全てのコミュニケーションの原則は**"受け手が全て"**です。どんなにあなたが簡潔でわかりやすい連絡をしたとしても、受け取る相手がその連絡を受け止められる状況にないとしたら、連絡をしても全く伝わらないことになります。連絡をするときは、相手の状況に配慮する必要があります。

　「なんで私がそこまで考えないといけないの？」と思う人はちょっと想像してみてください。あなたは昨日までインフルエンザで寝込んでいたとします。それなのに出社したらいきなり「明日までにこれやっといて」などと言われたらげんなりしませんか？

　急ぎの仕事があったり、気力・体力が落ち込み気味だったり、いろいろあってイライラしていたりするときに何かを「してください」という連絡が来たら、どう思うでしょうか。「もっとタイミングを考えてよ」などと感じるのではないでしょうか。もちろん緊急性のある内容の場合はそうも言っていられませんが、可能な限り相手の状況を配慮した連絡を心がけてください。

　相手の状況に配慮するのは、あなた自身のためでもあります。相手が調子のよいときであれば簡単にOKをもらえた依頼事項が、機嫌の悪いときに依頼したばかりに断られたり、不平を言われたりす

ると、あなたもいい気持ちがしませんよね。

　仕事はチームでするものです。自分の都合だけで考えてはうまくいきません。相手の状況に配慮して伝えることを心がけることで、あなたの仕事がスムーズに進み、結果的にあなたの評価を高めることができるでしょう。

相手への気配りを示す便利なクッション言葉

- 恐縮ですが
- 恐れ入りますが
- お手数をおかけしますが
- ご面倒をおかけしますが
- ご迷惑とは存じますが
- こちらの都合で恐れ入りますが
- ご都合がよろしければ
- お忙しいところ申し訳ありませんが
- ご多忙中とは存じますが
- もしよろしければ

クッション言葉を添えるだけで、あなたの言いたいことが相手にスムーズに伝わりますよ！

まとめ

- 伝えるときは相手の状況に配慮しよう
- 自分のためにも相手の状況に配慮しよう

わかりやすい連絡
相手が理解できる言葉で伝える
【ビッグワードに要注意】

　連絡で気をつけなければならないのは**相手が理解できる言葉を使う**ことです。難しい言い回しや専門用語がやたら出てくる話は聞いていても内容が理解できず、聞くのが苦痛になってきませんか？ 自社内や部署内だけで通用する社内用語も同様です。

　相手が理解できる言葉で伝えるにはコツがあります。それは相手が使っている言葉を取り入れることです。たとえば飲食店で店員さんから「パンにしますか、ライスにしますか？」と聞かれて「ごはんにします」と答えたところ、「ライスですね」と言われてモヤっとしたことはありませんか？　意味は同じでも違う言葉を使われると自分が言ったことが伝わらなかったと感じるものです。逆に相手が使っている言葉を自分も使うことで、相手に「この人は私と同じ理解を共有している」と感じてもらうことができます。

　相手と同じ理解を妨げる言葉として挙げられるのはビッグワードです。ビッグワードとは、抽象的で解釈の仕方でどうとでも取れる言葉のこと。たとえば、「善処します」「検討します」「問題が山積しています」などの言葉。「善処しますって何をしてくれるの？」「検討しますっていつ返事をくれるの？」「問題って何？　山積ってどの程度なの？」など、疑問だらけですよね。でも、仕事ではよく使

われています。お互い「それって具体的にどういうこと？」という確認をせずに話を進めてしまい、後でトラブルになることがあります。

　グローバル化、コンピテンシー、コンプライアンス、ダイバーシティなど流行りのカタカナ言葉も、人によって解釈が異なるビッグワードです。たとえば「今年度はグローバル化を推進します」と言った場合、それは「社内公用語を英語にする」なのか「外国人の雇用を拡大する」なのか「海外に拠点を作る」なのか、解釈は異なります。

　連絡をするときは<u>「この言葉は誰が聞いても同じ意味で理解してもらえるか」</u>を常に意識してください。専門用語を使う場合は相手が理解できるように補足する、カタカナ用語やビッグワードは別の言葉に置き換えるなど、相手が理解できる言葉に変換するクセをつけましょう。

よくあるビッグワード

あいまいな意思表示	推進する、善処する、がんばる、意識する、努力する、検討する　など
流行りのビジネス用語	空洞化、構造改革、グローバル化、コミュニケーション能力、多様性　など
カタカナ言葉	イノベーション、コミットメント、アジャイル、サステイナビリティ、ダイバーシティ、シナジー、インパクト　など

まとめ

- 相手が使っている言葉を使おう
- 誰が聞いても同じ意味で理解できる言葉を使おう

手間をかけずに最新情報を得るコツ

　世の中の変化をとらえて素早く適切な行動を行うために欠かせないのが情報収集です。といっても、やみくもに情報を集めるだけでは、迷って選べない状況に陥ってしまいます。そうならないように私が情報収集で活用しているのが「Googleアラート」です。

`https://www.google.co.jp/alerts`

　GoogleアラートはGoogleアカウントがあれば利用することができます。例えば「DX」「キャッシュレス」「報連相」「小規模事業者持続化補助金」「3年後のあなたが後悔しないためにいますぐやるべきこと」「RPA」「大谷更生」など、情報収集したいキーワードを管理画面から登録すると、定期的にメールで情報を得ることができます。情報を得る頻度は登録キーワード毎に「その都度」「1日1回以下」「週1回以下」から選ぶことができます。またキーワードは「補助金　東京都」といったように複数の単語を組み合わせて登録することもできます。

　私は全てのキーワードの情報を1日1回、朝7時にメールが届くように設定しており、メールが届いたらざっとチェックして、気になる情報があったらリンク先を開いて確認しています。私が自分の名前「大谷更生」を設定している目的はエゴサーチ、ネット上での自分の評判を確認するためです。

chapter 5
人より抜きんでる相談のコツ

相談とは未来を共有することです。相談は問題解決のため、よりよい未来を作るために行うもの。悩み事やトラブルは1人でかかえこまず誰かに相談しましょう。相談上手は人からかわいがられます。上手な相談のコツをお伝えします。

chapter 5　人より抜きんでる相談のコツ

ピッタリ相談
前倒しで相談する
【チェックポイントを設ける】

　問題が悪化してから相談してもどうしようもないことがあります。

　たとえば、あなたがイベントの企画書作成を依頼されたとします。1人で考えてもなかなか進まなくて、いよいよ明日が締切となったところで「何もできていません。どうしたらいいでしょう」と言われても相談された相手はどうすることもできません。
　あるいは、完成したけど上司が期待していた内容と違っていて、イチからやり直さないといけない。そういう場合もギリギリに相談されても時間が足りず、締切に間に合わせるために徹夜をして直さなければならない羽目になるかもしれません。

　これらの事態を避けるためにはどうしたらよいでしょうか。コツは「**前倒しで、こまめに相談**」です。
　こまめに相談とは、「ここまでできたら相談する」というチェックポイントを自分で設定して、上司や取引先に確認して認識を合わせておき、そのタイミングが来たら相談するということです。たとえば、プロジェクトの計画書を作成してほしいと上司から頼まれたら、計画書の目次ができた段階でこんなふうに相談します。
　「このような流れで大丈夫でしょうか」
　そう相談されたら、上司はその場で

「これでいい。この流れで続けて」
「ここはこういうふうに直してほしいけど、あとは OK」
といった指示をあなたはもらうことができ、上司も企画書の進捗状況を把握することができます。

こまめに相談をチェックポイントごとに行うことで、後々の大きな修正を避けることができます。

問題が発生した場合も同様です。問題が大きくなってから相談しても事態の悪化を食い止められず、最悪は手遅れという場合もあり得ます。何よりも早め早めの相談が重要です。仕事ができる人は常に早め早めに動く人です。

> **ひと言アドバイス　クイック＆ダーティー**
>
> 「クイック＆ダーティー」という仕事の進め方があります。少々雑でも早く提出するという意味です。この方法で進めたら、もし方向性が違っていても早めに軌道修正できるので、結果的に期待する成果物を早く仕上げることができます。

まとめ

- 事態が悪化する前に早めに相談しよう
- チェックポイントを設けて相談しよう

> **ピッタリ相談**
>
> ## 空気を読む
> ### 【相手が相談に乗れる状態かを見極める】

　あなたの周りに、こんな人はいないでしょうか。上司が慌ただしく外出の支度しているときに「いま、いいですか？」と相談を切り出し「後にして」「いま忙しいんだよ」と叱られている人。不思議なことに、そういう間の悪い人っていつも同じ人だったりします。

　なぜ間の悪い人は同じ失敗を何度も繰り返すのでしょうか。これは相手の立場で物事を考えることができないのが大きな原因です。もしあなたが忙しいときや思い悩んでいるとき、急ぎの仕事で慌てていたり、イライラしたりしているときに「いま、いいですか」なんて言われたら、それを受け止める余裕はあるでしょうか？

　上司も人間です。いくらあなたが礼儀正しく相談に行ったとしても、上司に余裕がなくて受け止められる状態でなければ相談に乗ってもらうことはできません。

　そうならないためにおススメなのが、**前もってアポイントを取る**ことです。たとえば、朝一番で上司が比較的落ち着いているときに「本日、○○の件で相談に乗っていただきたく、30分ほどお時間をいただきたいのですが、何時ごろがよろしいでしょうか」と、事前にお伺いを立ててスケジュールを確保してもらうのです。

　あるいはスケジューラーで上司の予定を確認して、空いていそう

な時間を把握した上で、「今日の〇時ごろ、10分くらいお時間よろしいでしょうか」と確認してもOKです。さらに「お忙しいところ恐縮ですが」など、71ページで紹介したクッション言葉を使うことで、スムーズに話を聞いてもらえる可能性を高めることができます。

　事前にアポイントを取っておけば、上司もそのつもりで時間を確保して落ち着いて話を聞いてくれるので、あなたも慌てることなく上司に相談することができます。

　ただ、緊急事態の場合は別です。すぐに「〇〇の件で緊急でご相談したいのですが」と伝えましょう。上司は自分で優先順位を判断して対応してくれるはずです。

まとめ
- 相手の状況を踏まえて相談するタイミングを判断しよう
- 安心して相談できるように事前にアポイントを取ろう

ピッタリ相談
相手を選ぶ
【経験がある人か知識がある人か】

　多くの場合、**相談の目的は**「**問題解決**」です。相談で問題を解決するために欠かせないのは、相談する価値のある人を見つけることです。相談をしたものの、「こちらの話をよく聞かずに自分の武勇伝を延々と話された」「どうしてこんなことになったのだと叱られた」「大変だねと同情はされたが有益な助言は得られなかった」……。これでは問題解決にはなりません。相談する相手を間違ったからです。

　相談する価値のある人を見つけるポイントは2つです。
① 過去に同様の問題を解決した経験があるかどうか
② 問題解決に必要な知識を持っているかどうか
　両方の条件を満たしている方がいれば、迷わずその方に相談してください。もし周りに片方の条件だけを満たしている方しかいない場合はどうするか。私のおススメは①経験を持っている方に相談する。なぜなら、経験がある方は知識だけの方よりも問題の本質を理解している可能性が高いからです。

　実際の仕事の場面では、まずは直属の上司に相談となりますが、もし上司が①と②のどちらも当てはまらない場合はどうしたらよいと思いますか。もし上司以外で①か②に当てはまる人が身近にいるなら、こう上司に相談してみてください。「○○さんが詳しいらし

いので、〇〇さんに相談してもいいでしょうか」。部下が何も言わずに他の人に相談すると、相談されなかった上司はさびしい思いをしたり、「メンツをつぶされた」と不快に感じる恐れがあります。

お伺いを立てた上で直属の上司以外の人に相談した場合は、必ず途中経過や相談結果を直属の上司にも報告してください。そうすれば、上司は「ないがしろにされた」とは思わないはずです。

相談は必ず上司にしなければならないというわけではありません。ふだんから周りの人たちがどんな強みを持っているかに関心を持っておくと、いざというときに誰に相談をすると効果的か判断できるようになります。

相談相手を選ぶコツは……
- ◎ 過去に同様の問題を解決した経験がある
- ○ 問題解決に必要な知識を持っている

直属の上司以外に相談する場合は……
① 直属の上司に「〇〇さんに相談したい」と事前に相談する
② 途中経過や相談結果を直属の上司にも報告する

まとめ
- 相談の目的は問題解決と心得よう
- 相手を選んで相談しよう

もれなく相談
結果を報告する
【結果がよくても悪くても報告する】

　誰かに相談した場合、相談後に必ずやってほしいことがあります。それは「**結果を報告する**」ことです。なぜなら、相談に乗ってくれた相手は、自分の相談が役に立ったかどうかが気になるからです。私は過去、相談を受けて親身に対応したのに結果報告がなく、相談を受けたことがうまく進んだのを、その方のSNSの投稿で知ったことがあります。そのとき私は思いました。「二度と相談に乗るものか！」。あなたが相談に乗ってもらえないのは、相談後の結果報告をしなかったことが原因かもしれません。

　相談したら、必ず結果を報告する。**結果報告は相談者の義務**です。結果報告をする際のポイントは3つあります。

① 結果が出たら、すぐ報告に行く

　あなたが報告する前に、第三者から結果が伝わると、相手は気分を害するかもしれません。結果が出たら、すぐ報告しましょう。

② よい結果だった場合は感謝の気持ちを伝える

　「あのときのアドバイスのおかげでうまくいきました。ありがとうございました」と心からの**感謝の気持ちを伝える**ことで、相手も「この人の相談に乗ってよかった。また相談に乗ってあげよう」と思ってくれることでしょう。

③ よくない結果だった場合、今後どうすべきか改めて相談する

よくない結果だったという事実を伝えるだけでなく、まずは相談結果を受けて取り組んだことを詳しく報告します。さらに、なぜうまくいかなかったのか自分になりに考えた原因を伝え、「今後どうしたらいいでしょう」と改めて相談します。こう伝えることで、相手は自分に相談してくれたのにうまくいかなかったことを申し訳なく感じるとともに、より親身に相談に乗ってくれることでしょう。

速やかに、適切な結果報告を行うことで、次に相談するときも気持ちよく相談に乗ってもらうことができます。

① 結果が出たらすぐ報告！
② よい結果だったら感謝を伝える！
③ 悪い結果だったら改めて相談する！

人を紹介してもらったときなども、その後どうなったのか必ず報告し、感謝を伝えること。結果報告ができると今後も相談に乗ってもらいやすくなります。

まとめ

- 結果が出たら、すぐ報告しよう
- よくない結果こそ報告しよう

chapter 5　人より抜きんでる相談のコツ

> もれなく相談
もれなくダブリなく
【致命的なのはもれ】

　あなたはMECE という言葉を聞いたことはありますか。MECEとはもれがなくダブリがないという意味の英語(Mutually Exclusive and Collectively Exhaustive)の頭文字を取ったものです。もれなく相談にはMECEが欠かせません。もれがあったら機会損失を起こす危険があり、逆にダブリがあったら効率の低下を招く危険があるからです。もれとダブリ、両方とも問題ですが、致命的な問題となる可能性が高いのはもれのほうです。

　たとえば、ある製品を作るために１番から10番までの10個の部品が必要な場合、１番の部品をうっかりダブって注文してしまったら、その部品は使われず無駄になりますが、被害としてはそれだけです。しかし、１番の部品の注文がもれて製造開始に間に合わなかったら製造に着手することはできません。影響は製造のための人員が時間を持て余してしまうだけではありません。結果的に納期遅れとなってしまうと、最終的にはお客さまに迷惑がかかってしまい、時間やお金だけでなく信用も失ってしまいかねません。

　また、「こんな簡単なことを相談したら怒られそう…」
　と思って上司に相談せずに商談を進めていたら大事な条件がもれていたことが発覚してお客さまとの商談が白紙に戻ってしまった。

もっと早く上司に相談したらもれに気づけたかもしれません。

　小さなことでも疑問を感じたら相談するのは恥ずかしいことではありません。上司の仕事は、あなたの仕事が上手くいくようにサポートすることです。どうするか迷ったら、遠慮せず早めに相談してください。

小さな異常も相談しよう

　ハインリッヒの法則、あなたは聞いたことがあるでしょうか。「1件の重大事故の背景には29件の軽微な事故があり、その背景には300件のヒヤリハット（小さな異常）がある」という法則で、アメリカ人のハインリッヒが5000人を調査した結果導いたものです。あなたが、「このくらい相談しなくても……」と思った小さな異常は、300件のヒヤリハットのうちの1つかもしれませんが、もしかしたら1件の重大事故に発展する恐れもあります。そうなる前に、違和感を覚えたらどんな小さなことでも相談することをおススメします。

まとめ

- ダブリよりもれをなくそう
- 重大事故につながる小さな異常を見逃さないようにしよう

相手を尊重する
【やってから判断する】

　相談を受けていて一番困るのは、相談しているように見えて実は自分の意見を聞いてほしいだけで、相手の意見を聞く気が全くないという人です。

　たとえば「相談があります」と自分から言ってきたにもかかわらず、上司がアドバイスをしても
「それは無理です」
「それをやっても、あまり意味がないと思います」
　何だかんだ理由をつけて、アドバイスを受け入れてやってみようとしない。このような対応をしてしまうと、「自分の意見を聞く気がないんだったら、相談する必要はないのに」「この人の相談に乗っても時間の無駄だ」と思われてしまい、今後は上司の中でその人の相談は対応優先順位がかなり低くなるでしょう。

　この人の相談に乗っても意味がないと上司から思われないようにするにはどうしたらよいか。相談で得られたアドバイスを最後まで聞き、まずは疑問を持たずにそのまま実践してみてください。

　アドバイスに対して「それはもうやりましたけど、うまくいきませんでした」と返す人も時々いますが、それはもれなく相談ができ

ていない証拠です。お互いの時間を無駄にしないために、相談時に「これとこれはやりましたが、うまくいきませんでした」という情報を共有しておきましょう。

　仕事の相談は、相手の知識や考えと自分の知識や考えをすり合わせて、第三のよりよいアイデアを導くために行います。仮に相談の結果、あなたの意見が100％通ったとしても、それは相手とのすり合わせの結果たまたまそうなっただけで、最初からあなたの意見や考えが正しかったわけではありません。

　自分の意見を述べたら、あとは相手の意見を謙虚な気持ちで聞いてください。あなたの意見や考えに対して上司が異論を述べるのは、上司が不安に思っているからです。上司はあなたよりも多くの経験を積んでおり、業務や業界の知識も豊富です。自分より多くの知識や経験を持つ人の視点から、あなたの意見や提案がどう見えるかを確認することができるのも相談の大きな効果の1つです。

> **まとめ**
> - アドバイスを受けたらとりあえずやってみよう
> - 第三のよりよいアイデアを導くために相談を活用しよう

わかりやすい相談
目的は問題解決
【困ったことと問題を一緒にしない】

　仕事は問題発生の連続です。仕事の大半は発生した問題への対処かもしれません。では、そもそも問題とは何でしょうか。

　私は、**問題とは「期待する結果と現実の差」**と定義しています。よく「困ったこと」と「問題」を一緒にしてしまう方がいますが、この2つには明確な違いがあります。その違いとは、問題には「期待する結果と現実の差」があり、困ったことには「期待する結果と現実の差がない」ということです。

　たとえば「納期を前倒ししてほしい」「値段を下げてほしい」と毎回無理難題を言ってくるお客さまがいるとします。ここで質問です。このお客さまは「問題」でしょうか？　この質問の答えは、このお客さまに対して期待する結果が何かで変わります。

　もし、このお客さまに対して「無理難題を言わないでほしい」が期待する結果だとしたら、このお客さまは「問題」です。一方で、このお客さまに対して「もっとたくさん買ってほしい」「新しい商品を買ってほしい」が期待する結果だとしたらどうでしょうか。無理難題を言うお客さまは困ったお客さまだと思いますが、無理難題を言うことと期待する結果には直接の関係はありません。このお客さまが無理難題を言ったとしても、あまり気にせず、どうしたら「もっと

たくさん買ってもらえるか」「新しい商品を買ってもらえるか」を考えて、期待する結果を実現するために行動すればOKです。

　困ったことと問題を分けて考える。これが問題解決をスムーズにする第一歩です。

目的は問題解決

- **問題**　期待する結果と現実の差
- **問題解決**　期待と現実の差を埋めること
- **困ったこと**　問題ではない

期待と現実の差を埋めるためにどうすればよいか考えよう！

感情にゆさぶられると問題の本質を見失いますよ。

まとめ

- 「問題」と「困ったこと」を分けて考えよう
- 問題が起きたら期待する結果は何かを最初に考えよう

わかりやすい相談
準備を怠らない
【情報を整理してから相談する】

　仕事を早く正確に進めるために、わからないことがあったらすぐ上司に相談しましょう。

　ただし何の準備もせずに相談をしてしまっては、上司も状況がわからず、適切なアドバイスを行うことができません。あなたにとっては自分が担当する仕事で発生した問題なので状況はよく理解できていると思いますが、相談を持ちかけられる上司にとっては初めて知ったので状況がよく理解できていないことも少なくありません。
　相談相手の上司に状況を正確に理解してもらえるように、事前に情報を整理して必要な資料など準備をしてから相談しましょう。

　相談の目的や着地点を最初に自分の中で明確にしておくことで、相談の時間をより有意義なものにすることができます。
　相談前に押さえておくべきポイントは次の3つです。

> ① 何が問題になっているのか
> ② 相談した相手に何をしてほしいのか
> ③ 自分はどうしたいのか

　このポイントを押さえておかないと、相談を受けた相手は問題が起きている状況を正確に理解することはできません。確かにまずい

状況であることは感じ取れるのですが、「なぜこうなったのか」「何をしてほしいのか」を把握するのに時間がかかってしまい、相談の本来の目的である「一緒に解決策を考える時間」が十分に取れない恐れがあります。

　お互いの時間を無駄にしないためにも、相談時にはしっかり準備をして臨みましょう。

　とはいえ、準備に時間を取られて相談のタイミングが遅くなり、問題が悪化してしまっては本末転倒です。事前準備の時間は10分を１つの目安にしてください。

事前に相談のポイントをメモに書いておき、それに沿って相談をすると理路整然と話せますよ。あるいは、そのメモを相談相手に渡してもいいでしょう。

まとめ

- 準備をしてから相談しよう
- 相談前に相談の目的と自分がどうしたいかを整理しておこう

chapter 5　人より抜きんでる相談のコツ

わかりやすい相談
まずは自分で考える
【相談相手に丸投げしない】

　私が新入社員で会社に慣れてきたころ、身近にいる先輩に気軽に何でも相談していました。先輩は、最初は仕事の手を止めて丁寧に答えてくれましたが、いつからか「何でもかんでもオレに聞くなよ！」「オレに聞く前に自分で考えて！」と言われるようになりました。よほど度が過ぎたのでしょう。私は無意識のうちに先輩に甘えていたのです。

　小さい子どもなら、近くにいる大人に口ぐせのように「なんで？」「どうして？」と問いかけても答えてもらえますが、社会人となったらそうはいきません。

　「なぜこうなるのだろう。自分なら〇〇だと思うんだけど」「ここまでは自分で調べてわかったけど、この先どうやったらいいかわからない」など。誰かに質問する前に、自分はこう思った、自分はここまでやった、という自分なりにやるべきことはやったと胸を張って言えるだけの行動は欠かせません。

　「ググれカス」という言葉、聞いたことはないでしょうか。「ググれ」とはGoogleで検索すること。Googleをはじめインターネットで検索したら大半の質問の答えは見つかります。まずは自分で答えを

探し、見つからなかったり、わからなかったりしたら誰かに質問する。これを積み重ねることで、あなたは自己解決能力を高めることができます。

しかし時には「何から手をつけたらいいか、それすらわからない」という状況に置かれてしまうこともあるでしょう。そういう場合は遠慮することはありません。勇気をもって、いま自分が何をしたらいいかわからない状況に陥っていることを隠すことなく相談してみてください。

大丈夫です。いまのあなたと同じように、先輩や上司も一度や二度、おそらくそれよりもっと多く同じような経験をしているはずですから。

何でも人に相談する前に自分でも考えよう

ネットで調べる

自分なりに考える

過去の資料を見てみる

> **まとめ**
> - 人に聞く前に自分ができることをやろう
> - どうしたらいいかわからないときは遠慮せず相談しよう

思考をクリアにする超簡単なコツ

　初対面の相手が思考の整理ができる人かどうかを即座に見分ける方法があります。それはパソコンのデスクトップを見せてもらうこと。なぜかというと、パソコンのデスクトップは相手の脳の状態を反映しているからです。アイコンで埋め尽くされていたり、「●●のコピーのコピーのコピー」という名前のアイコンがあちこちにあったり、アイコンがとびとびになっていたりしたら要注意。思考の整理が苦手な方の可能性が高いです。

　私はそれを知っているので、パソコンのデスクトップのアイコンは最小限にしています。またパソコンでよく使うアプリは「タスクバーにピン留めする」などの設定を行って、すぐアクセスできるようにしています。

　さらにデスクトップのアイコンを増やさないために、作業中のファイルはデスクトップに保存せず、事前に決めたルールで名前を付けて、所定のフォルダに保存するようにしています。

　もしあなたのパソコンのデスクトップがアイコンで埋め尽くされているようなら、まずは「パソコンのデスクトップのアイコンを3列（20個）以下にする」をやってみてください。デスクトップがスッキリ整理された状態になると、あなたの思考もスッキリとクリアになるはずです。

chapter 6
ケーススタディで学ぶ報連相

chapter 6 では、仕事でありがちな報連相にまつわる失敗例を取り上げます。何がいけなかったのか、どうすればよかったのかを一緒に考えてみましょう。

【case 1】「メールを送ったから伝えた」ではダメ

取引先にメールを送ったが返事が来ない。上司に言われて確認したら、先方は海外出張中で見ていないと判明……

　Aさんは、上司から頼まれて、取引先に近々訪問したいという要件のメールを送りました。1週間後、上司から呼び出され……。

上司　「あの件、伝えてくれた？」
Aさん「メールを送ったから伝わっているはずです」
上司　「で、返事はどうだったの」
Aさん「えっと……、そういえばまだ来ていません」

　あわてて確認すると、先方は海外出張中。メールは見ていなかったことが判明しました。Aさんは、上司から「メールを出して終わりではない！」とこってり叱られました……。

何がいけなかったの？

1 依頼された仕事に対する報告がない

　なぜAさんは上司から「あの件、伝えてくれた？」と質問されたのでしょう。それは依頼に対して報告ができていなかったからです。「仕事は指示に始まり報告に終わる」。指示された仕事を終えたとしても、報告していなければ仕事は終わりではありません。指示された仕事に対して報告をするのは依頼を受けた者の義務です。

　Aさんが、メールを送信した直後に上司へ「先方にメールで伝えました」と報告できていたら、この問題が1週間後に発覚することはなかったはずです。

【教訓】報告は義務（もれなく報告）

2 相手に伝わったかを確認していない

　コミュニケーションで大事なことは「伝わったかどうか」です。今回のようにメールなど相手の反応が見えないコミュニケーション手段の場合、相手が確認したかどうかを、こちらで知ることはできません。

　今回は相手のOKなスケジュールを確実に確認する必要があるため、メール送信から2営業日以上経っても先方から返信がない場合は、「先日送ったメールの件いかがでしょうか」と電話で確認するべきでした。

【教訓】伝わったかを確認する（もれなく連絡）

【case 2】 聞き手によって解釈の異なる言葉に要注意

営業の進捗を聞かれて「がんばった」「けっこうたくさん訪問した」「多分いけると思う」と伝えたが上司は不満な様子…

　Bさんは、新製品の販売契約を取り付けるために、いくつかの企業を訪問し、その結果を上司に報告しています。

上司　「結果はどうだったの？」
Bさん「けっこうがんばって、たくさん訪問しました」
上司　「で、手応えのありそうな会社はあったの？」
Bさん「けっこうありました。X社には、購入すると言っていただけました。Y社もとても興味深くカタログを見てくださっていたので、多分いけるんじゃないかと思います」
上司　「X社さんは何セット買ってくれるの？」
Bさん「そこまではちょっと…」
上司　「今月の目標は達成できそうなの？　今後の見通しは？」
Bさん「先月よりは調子がいいので、がんばればなんとかいけそうです」

何がいけなかったの？

1 上司が期待する報告ができていない

上司は具体的な報告を求めています。それなのにBさんは抽象的な回答を繰り返していました。この場合、以下のように数字を使って具体的に報告できるとOKです。

	Bさんの答え	上司の期待する答え
① 結果は？	たくさん訪問しました。	7社訪問しました。
② 手応えは？	けっこうありました。多分いけるんじゃないかと思います。	受注見込みのある会社が2社ありました。
③ 何セット買ってくれるの？	そこまではちょっと…。	次回X社訪問時に確認します。
④ 目標達成できそうなの？	がんばればなんとかいけそう	達成確率は60%です。
⑤ 今後の見通しは？	（回答なし）	残り1週間、見込み客を20件訪問します。

【教訓】正確に伝える（もれなく連絡）

2 事実と主観が混在している

Bさんの報告は「けっこう」「多分」「がんばれば」「いけそう」など個人的な印象や解釈が多く、正確性に欠ける印象があります。

「Y社もとても興味深くカタログを見てくださっていた」など事実だけを伝えるように心がけます。自分の感想や考えを述べる場合は、先に「私見ですが」「個人的な意見ですが」を添えて、相手に主観だと伝わるようにするとOKです。

【教訓】事実と主観を分ける（わかりやすい報告）

【case 3】悪い情報ほど早く報告

ダブルブッキングでお客さまを怒らせてしまった！　自分でなんとかしようとしたがますます事態は悪くなり…

　Cさんは、明日午前中に、Z社との大事な商談があるため、入念に準備をして退社しました。ところが帰宅途中にY社から「明日午前中の新製品の仕様説明会、よろしくお願いします」とリマインドメールが。その約束は1カ月前から決まっていたのにCさんはすっかり忘れていました。しかもY社の社長や役員も参加する重要な会議です。Z社の会議も大事ですが相手は担当者2人なので、どちらかといえばこちらをリスケするほうがよいだろうと判断し、CさんはZ社に、会議日程を延期してほしいとメールで連絡しました。

　Cさんの上司のM課長は、翌日の会議に参加する予定ではありませんでしたが、Z社を以前担当していたこともあって、Cさんをサポートするつもりで当日朝に「本日はよろしくお願いします」とZ社に電話をしたところ、先方からは「急遽、予定を変更してほしいという連絡があって、リスケになりました。ご存知なかったのですか」との返事。少し不機嫌な様子でした。M課長はあわててCさんに電話をしましたが、Cさんは移動中でなかなかつかまらず、ようやく夜に連絡がつきました。M課長に「なぜ早く言わなかったのだ」と言われ、「課長は忙しいのであとで報告しようと思った」とCさん。CさんはZ社にきちんと謝罪もしていませんでした。

何がいけなかったの？

1 ダブルブッキングを上司に相談していない

　緊急かつ対応を間違えると問題が大きくなりそうな状況では、自分でなんとかしようと思ってもうまくいかない可能性が高いです。実際にZ社との間で信頼関係を揺るがす問題となってしまいました。

　ダブルブッキングが判明した時点で、3つのポイント

　① 何が問題なのか

　② 上司に何をしてほしいのか

　③ 自分はどうしたいのか

　を整理して、速やかに上司に相談して判断を仰ぎ、上司と連携して各取引先に対応することができていたら、ここまで大きな問題にならなかったはずです。

【教訓】準備を怠らない（わかりやすい相談）

2 Z社へ正式な謝罪ができていない

　夜遅い時間帯だったため、Z社への連絡「会議日程を延期してほしい」がメールになってしまったのはやむを得ませんが、翌日に日程延期の謝罪を含めたフォローがCさんから全くできていなかったのは問題です。翌日の朝イチで、Z社担当者へ会議日程延期に対する謝罪の気持ちを電話など直接的な手段で伝えることができていたら、ここまで大きな問題にならなかったはずです。

【教訓】適切な手段を選ぶ（ピッタリ連絡）

chapter 6　ケーススタディで学ぶ報連相

【case 4】勝手な判断が上司の期待を裏切ることに

取引先に出す資料の作成が間に合いそうにないので、他の取引先訪問をドタキャンして上司に叱られた…

　Dさんはまじめながんばりやですがなかなか業績があがりません。O課長は、Dさんをサポートしようと、自分が開拓したW社の案件を譲りました。DさんはO課長に感謝し、はりきってW社を担当していました。ある日、DさんはO課長とともにW社を訪問することになりました。ところが「担当しているR社の資料作成を急いで仕上げないといけないので、先に行ってください」とDさん。現地集合することになったのですが、時間になってもDさんは現れず、メールをしても返事はありませんでした。

　結局O課長ひとりでW社訪問を終え、改めてDさんに事情を聞くと、

Dさん「R社の資料を仕上げたのですが、先方から『いますぐ持って来い』と言われて、直接R社に届けに行っていました」

O課長「W社もきみの担当でしょう。資料作成のためにドタキャンするの？　しかも何の連絡もなかったよね」

Dさん「O課長が行ってくださるなら大丈夫かと思いました」

O課長「……」

何がいけなかったの？

1 W社訪問の待ち合わせに連絡なく現れなかった

いくらR社の対応で頭がいっぱいだったとはいえ、O課長に連絡なくW社訪問の待ち合わせ場所に現れなかっただけでなく、メールにも返信しなかったのは大きな問題です。

報告するかどうかで悩んだら「迷ったら報告する」を実践しましょう。正直にR社担当者から「すぐ資料を持ってきてほしい」と言われたことを電話でO課長に報告して、どう対応すべきか指示を仰いでいれば、このような問題は発生しなかったはずです。

【教訓】タイミングを逃さない（ピッタリ報告）

2 R社の状況をO課長と共有できていなかった

急な資料作成依頼や「いますぐ持ってこい」などのやり取りから、R社は対応が一筋縄ではいかない難しい取引先だと想定されます。しかしR社の対応にDさんが時間を取られていることをO課長は把握していなかったため、自分が開拓したW社の案件をDさんに任せてしまいました。

もしDさんがR社との交渉状況をO課長と事前に共有できていたら、今回のようなR社の無茶ぶりに対してもO課長に相談することで適切な対応のアドバイスをもらうことができたはずです。

【教訓】前倒しで相談する（ピッタリ相談）

パソコン操作時短術
〜ショートカットを使いこなそう〜

　パソコン作業を効率化するために欠かせないのがショートカットキーの活用です。ここではパソコン操作時間の短縮に役立つ Windows のショートカットキー操作を紹介します。

■ Ctrl キー

| Ctrl | + | A |　すべてを選択 　　　| Ctrl | + | W |　ファイルを閉じる
| Ctrl | + | C |　コピー 　　　　　　| Ctrl | + | X |　切り取り
| Ctrl | + | P |　印刷 　　　　　　　| Ctrl | + | Y |　繰り返す
| Ctrl | + | S |　上書き保存 　　　　| Ctrl | + | Z |　元に戻す
| Ctrl | + | V |　貼り付け

■ Alt キー

| Alt | + | Tab |　アプリを切り替え
| Alt | + | F4 |　アプリを終了

左が「ショートカットキー」、右がその「操作内容」です。

■ Windows キー

| Win | + | M |　全てのウィンドウを最小化
| Win | + | L |　画面ロック
| Win | + | E |　エクスプローラ起動
| Win | + | Shift | + | S |　画面キャプチャ

■ファンクションキー

| F4 |　繰り返す
| F5 |　ウェブページ再読み込み

chapter 7
離れた場所にいる相手への報連相

chapter7では、在宅勤務やリモートワーク、客先常駐など離れた場所にいる相手と報連相をしなければならない場合について考えてみましょう。離れた場所にいる相手とのコミュニケーションは対面以外の手段が中心となるため、同じ場所にいる相手に対する報連相とは異なる工夫や配慮が必要となります。

chapter 7　離れた場所にいる相手への報連相

伝わる情報は2種類ある
【チャットやメールが冷たく伝わる理由】

　仕事を依頼した相手から、対面または電話で「できません」と言われたときと、チャットやメールなどで「できません」と返信されたときでは、チャットやメールのほうが冷たく感じると思いませんか？

　なぜチャットやメールといった文字情報のほうが冷たく感じる人が多いかというと、相手から伝わる情報には大きく分けると2種類あるからです。2種類とは言語情報と非言語情報です。
　言語情報とは、言葉の内容そのもののこと。非言語情報とは、身振りや手振り、表情、間、声のトーンなど、言葉の内容以外の情報のことを指します。

　対面で直接相手とやり取りをする場合は、言語情報だけでなく表情や声のトーンなど、非言語情報を通して相手の様子が伝わってきます。電話の場合も、相手の姿は見えないものの声のトーンや間で相手が怒っているのか喜んでいるのか、寝転んで聞いているのか、姿勢を正して聞いているのかまでなんとなくわかるものです。

　一方、チャットやメールなど文字による間接的なやり取りでは、非言語情報はほとんど伝わらないため、対面や電話による直接的なやり取りと比べると誤解やトラブルが発生しやすい傾向にあります。

言語情報と非言語情報の違い

	言語情報	非言語情報
特徴	・言葉による情報伝達。話し言葉・書き言葉	・身振り手振り、表情、声のトーンなど言葉以外の情報
メリット	・具体的かつ詳細に伝えることで誤解を減らすことができる ・履歴を残すことができる	・微妙な感情やニュアンスを伝えることができる ・相手の印象や記憶に残りやすい
デメリット	・微妙な感情やニュアンスを伝えきれないことがある ・受け手の解釈によって意図が正確に伝わらないことがある	・あいまいで誤解を招きやすい ・意図せず表情や態度に出たりすると相手に悪い印象を与える恐れがある

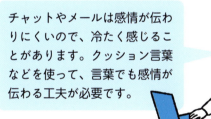

チャットやメールは感情が伝わりにくいので、冷たく感じることがあります。クッション言葉などを使って、言葉でも感情が伝わる工夫が必要です。

> **まとめ**
> - 相手から伝わる情報には2種類(言語情報と非言語情報)あると理解しよう
> - チャットやメールなど文字によるやり取りでは非言語情報を伝える工夫をしよう

3つの「わからない」を克服する
【「わからない」を前提に伝える】

　メールやチャットなど文字を中心としたコミュニケーションには、一度に複数の人に送れる、履歴が残るなどのメリットがある一方で、克服すべき課題もあります。それが、3つの「わからない」です。

① 相手の状況が「わからない」
　メールやチャットなど文字によるやり取りでは、送ったメッセージを相手がどんな状況で確認しているかがわかりません。もしかしたら、急ぎの仕事に追われて取り込み中かもしれません。上司に叱られて落ち込んでいるかもしれません。そんなときに「至急対応をお願いします」というメッセージを送ったら、相手はどんな反応をするでしょうか。相手の心身がマイナスな状態で送られた「できません」の返事は相手の本心ではない可能性があります。

② 相手がいつ読むか「わからない」
　メールやチャットによるやり取りでは、送ったメッセージをいつ相手が確認して返信してもらえるかは相手次第となります。自分の都合で早く返事が欲しいと思っても、「いつまでに返事をください」と明確に伝えなければ、あなたの希望は相手に届きません。
　また、あなたが「メールを送ったから伝わったはず」と思っていても、相手には3つの「わからない」があるため、伝わっていない可能性が

あります。

③ 相手の本音が「わからない」

　相手からメールやチャットで返ってきた「できません」。相手がどんな思いでこのメッセージを送ってきたかは、メッセージの中に理由が添えられていなければわかりません。もしかしたらスケジュールの問題で指定された期限までに対応することはできないけれど、締切を1週間延ばすことができたら対応できるかもしれない。また、ボリュームの問題で全部は無理だけど一部だったら引き受けてもらえるかもしれない。そんな本音が「できません」の裏に隠れているかもしれません。

　メールやチャットなど文字によるコミュニケーションには、この3つの「わからない」があることを念頭におき、なるべくわかりやすく、具体的に伝えることを心がける必要があります。
　また、必要に応じて、電話や対面など、直接的なコミュニケーションを取り入れることで、3つの「わからない」を克服しやすくなるでしょう。

> **まとめ**
> - 3つの「わからない」があると知っておこう
> - 電話や対面を組み合せて3つの「わからない」を克服しよう

1メッセージ1テーマで伝える
【わかりやすく伝えるおススメの型】

　チャットやメールで「わかりやすく伝える」のが苦手な人は多いのではないでしょうか。相手から「よくわからない」と思われてしまうメッセージには次のような特徴があります。

- 時系列でダラダラと書いてあり、何を言いたいのか最後まで読んでもわからない
- 思いつくままに書いていて、何を伝えたいのかがわからない
- 一文が長すぎる
- 論理が飛躍している

　この問題を解消するコツがあります。それは「1メッセージ1テーマで伝える」です。伝えたいテーマが複数ある場合は、テーマごとにメッセージを分けてください。これだけであなたの言いたいことが確実に伝わりやすくなります。

　言いたいことをわかやすく伝えるおススメの型があります。PREP法です。PREP法とは、①Point ➡ ②Reason ➡ ③Example ➡ ④Pointの順番で伝えること。プレゼンや論文にもよく使われます。

① Point（要点）	最初に要点や結論を伝える
② Reason（理由）	「なぜなら」で結論に至った理由を説明する。「理由は3つあります」のようにナンバリング法を使ってもよい。

③ Example（具体例）	「たとえば」で理由を裏付ける事例や具体例を説明する。
④ Point（要点）	最初に伝えた要点や結論をもう一度繰り返す。

　最初に要点や結論を伝えることで、これから何の話が始まるか相手がすぐに理解でき、最後までメッセージを読み進めてもらいやすくなります。

　会話のときもPREP法を使うと、要点や結論を相手に短時間で確実に伝えることができます。

PREP法を使って自分の好きなものを紹介してみよう

P「私が好きなスポーツはスキューバダイビングです」

R「なぜなら、水族館で見たことがある魚を身近に見ることができたり、水の中を自由に泳ぎ回ったりして非日常を味わえるからです」

E「たとえば私の一番好きなダイビングスポットは西表島です。マンタやシュモクザメ、カクレクマノミなどを見ることができます」

P「私はスキューバダイビングが大好きです」

まとめ

- 伝えたいテーマが複数ある場合は、テーマごとにメッセージを分けよう
- PREP法で要点や結論を確実に伝えよう

断りの作法
【相手を不快にさせない断り方のコツ】

　106ページでも述べたように、メールやチャットによるコミュニケーションでは非言語情報がほとんど伝わらないため、誤解やトラブルが生じがちです。とくに気をつけたいのは、「断り」の連絡をするときです。ただ「できません」だけでは、受け取った相手は冷たく感じたり、「怒っているのか」と不安になったり、「失礼だ」と思われてしまったりする恐れがあります。このような場合、「お引き受けしたいのはやまやまですが」「大変申し上げにくいのですが」など、**クッション言葉を使う**と断りに対して相手が感じるショックを和らげることができます。

　私が心がけている断りの作法3つのコツをお伝えします。

① 返信は12時間以内

　仕事の依頼をする依頼者の立場で考えると、今後のスケジュールに影響するため、引き受けてもらえるか否かの返事は早くほしいものです。ですから断る場合は早く伝えましょう。目安は12時間以内です。たとえば、その日の夜に打診のメールが届いた場合は遅くても翌日のお昼まで、可能であれば翌日の始業時刻までに返信できると相手はすごく助かると思います。

② 理由を伝える

- 明日提出締切の企画書作成に取り組んでいる
- A課長から緊急の仕事を頼まれている
- 遅れているBプロジェクトのリカバリーをしなければならない

このような感じで、断りの結論に加えて、なぜ断らなければならないかを具体的に伝えましょう。理由は正直に伝えてください。ウソの理由を伝えてしまうと、バレたときに大変です。

③ 代替案を提案する

相手の依頼に100％応えることができなくても、部分的に対応できそうな見込みがあるなら、それも併せて伝えてください。

たとえば、こんな感じで言葉を添えると、相手の依頼にできる限り応えようと努力する、あなたの真摯な想いが相手に伝わるでしょう。

- 明日までは難しいですが、週明け月曜17時までなら対応可能です。
- 300件の入力は難しいですが、100件なら対応できます。
- 作成は難しいですが、提出前の最終チェックなら対応できます。

ただ「できません」だけでは相手はどう対応したらいいかわかりません。どんな情報があればいいか相手の身になって考えましょう。

まとめ

- 断りの連絡は早く伝えよう
- ただ断るだけでなく、理由や代替案を添えよう

chapter 7　離れた場所にいる相手への報連相

宛名やあいさつ文、何が正解？
【受け取った相手がどう感じるか】

　メールマナーに関しては、書籍も多数あり、ある程度確立していますが、チャットやメッセンジャーなどは仕事の場面で使われるようになってまだ日が浅く、どんな体裁で送ったり返信したりしたらよいかで困っている方は多いのではないでしょうか。たとえば、あなたはこんなことで迷ったり悩んだりしていませんか。

- 宛名や会社名は必要か
- 自分の名前を名乗るか
- あいさつ文は必要か
- 最後に「よろしくお願い申し上げます」など締めの言葉は必要か

　このような場合、私は**「相手に合わせる」**ことを心がけています。
　相手が宛名ありでメッセージを送ってきたら、自分が返信をする時も相手の宛名を入れます。会社名も同様です。
　あいさつ文や、最後の締めの言葉も、相手が入れてきたら自分が返信をするときも入れます。
　大切なのは、相手に不快な思いをさせたり戸惑わせたりしないことです。「チャットやメッセンジャーは手軽にやり取りできるコミュニケーションツールなので、本文は用件のみで宛名やあいさつ文は必要ない」と思う人もいるかもしれません。それでも、相手のスタイルに合わせておくことで、相手に不快な思いをさせたり戸惑いを

感じさせたりすることなく、スムーズにやり取りを進めることができると感じています。

「相手に合わせる」… 宛名の場合

相手から自分へ	自分から相手へ
大谷更生総合研究所合同会社 大谷更生様 ［会社名、フルネーム＋様］	○○株式会社 □□□□様
大谷更生様 ［フルネーム＋様］	□□□□様
大谷様 ［名字＋様］	□□様
大谷さん ［名字＋さん］	□□さん

メッセージを受け取った相手がどう感じるか、と考えれば、おのずと答えは見つかるはずですよ！

まとめ

- 迷ったら相手に合わせよう
- 相手を不快にさせたり、戸惑わせたりしないようにしよう

メール対応に追われないコツ
【返信のタイミングを決める】

　あなたは相手に送ったメールやチャットの返信がなかなか来ないと不安に思ったりしないでしょうか。かといって、メールやチャットが来るたびに仕事を中断して返信していたのでは、本来の仕事に集中して取り組むことができません。そんな時におススメなのが「**返信のタイミングを決める**」です。

　私は返信が必要なメールやチャットは12時間以内に返信すると決めています。返信のタイミングは１日３回。具体的には、始業時とお昼休み明け、就業間際の17時ころです。始業時は前日夜に届いたメールに返信。お昼休み明けは午前中に届いたメールに返信。そして17時ころは午後に届いたメールに返信します。これで返信が必要な全てのメールやチャットに対して12時間以内に返信することが可能になります。

　それ以外の時間はメールソフトは立ち上げず、チャットアプリの通知もオフにします。そうすることで、メールやチャットの着信に気を取られることなく、仕事に集中することができます。

　もう１つ私が心がけていることは、**返信の対応を２種類に分ける**ことです。

① 3分以内で返信できるメッセージは即返信する。
② 3分以上かかりそうなメッセージは返信するタイミングを決めてスケジュールに登録し、時間が来たら対応する。

また返信をするときは、心身が整った状態で行うことを心がけています。私は、夜に届いたメールやチャットには絶対にその場で返信しないことにしています。夕食後、とくにお酒を飲んだあとは気持ちが高ぶりやすかったり素が出てしまったりなど、感情のコントロールが難しいからです。イライラしているときも同様です。メッセージに余計な一言を書いてしまってトラブルを引き起こす恐れがあるからです。

メッセージを送るのは心身の状態が整っているときだけ。これだけでもメッセージのやり取りに関するトラブルは激減すると思います。

(一社)日本ビジネスメール協会の調査によると、7割強の人が24時間以内にメールに返事がないと「遅い」と感じるそうですよ。

まとめ
- タイミングを決めてメッセージを返信しよう
- 心身の状態が整ってから返信しよう

スムーズな日程調整は「先出しジャンケン」で

　打ち合わせのためにお客さまの会社を訪問する日時を調整しようとしたのに、あなたが候補として提案した日時は相手のスケジュールが空いておらず、相手が提案した日時はあなたのスケジュールが空いていない。何度やり取りしてもまとまらず、結局打ち合わせが開催できなかった。こんなことってありませんでしたか？

　私は日程調整のやり取りは1往復半で終わらせることを心がけています。そのために実践しているのが「先出しジャンケン」です。ポイントは1つだけ。直近で自分がOKな日程候補を3つ提案します。たとえば

> 　御社の課題を解決できそうな新商品紹介の打ち合わせですが、直近で御社にお邪魔できる日程は以下の通りです。
> ① ●月×日(月)　10：00〜12：00の間
> ② ●月△日(水)　13：00〜15：00の間
> ③ ●月□日(金)　 9：00〜11：00の間
> 所要時間は40分程度、ご都合はいかがでしょうか。

　これが「先出しジャンケン」です。相手は提示された候補日程から選ぶだけなので、手間が省けて楽です。私は自分が都合のよい日程に打ち合わせを設定することができて助かります。打ち合わせの日程調整にかけるお互いの手間と時間を最小化する「先出しジャンケン」、おススメです。

chapter 8
信頼される社会人に なるために必要なこと

上司や取引先に信頼されているのはどんな人だと思いますか。あなたの周りで上司や取引先の信頼を得ている人をよく観察してみてください。ある共通点に気づくはずです。chapter 8 では、信頼される人の特徴を詳しく解説します。

chapter 8　信頼される社会人になるために必要なこと

信頼される人が持っている3つのS
【信頼感や安心感を覚える態度とは】

素直

　最初のSは「素直」です。素直な人は、上司や取引先から「こうしたほうがいいんじゃない」と言われたら「わかりました」と言って、すぐに取り入れて実行します。それが好意からのアドバイスであっても悪意からの批判であっても関係ありません。素直な人は、相手が誰であれ「自分のためを思って言ってくれている」と信じているので「わかりました」と言って、すぐに取り入れることができます。

　素直さがない人は「こうしたほうがいいんじゃない」と言われても「えー」「でも」「だって」と言ったあとに、やらない理由を語りはじめます。よかれと思ってアドバイスをした相手は、それを聞いて「この人のためにと思って勇気を出して伝えたのに、受け止めようとしないんだ」と感じて、次からは何も言ってくれなくなります。

　もしあなたが、最近アドバイスをされたことがないと感じていたら要注意です。あなたにアドバイスをすることがないのではなく、アドバイスをしたくない、アドバイスをしてもしょうがない、と周りの人から思われているかもしれません。

正直

　次のSは「正直」です。正直な人は絶対にウソをつきません。正直な人は、何か仕事でトラブルが起きているのに気がついたら、上司

や取引先にすぐ報告します。どんなトラブルが起きているか、いまどんな状況か、どんな対策を講じているか、トラブルが発生した原因など、自分がその時点で知り得る情報を包み隠さずに伝えます。

「〇〇のせいでトラブルが起きました」といったような責任転嫁の発言は絶対にしません。自分に不利なことも隠すことなく、誠実に対応する正直な人の姿に、相手は信頼感や安心感を覚えるのです。

叱られ上手

　最後のＳは「叱られ上手」です。叱られ上手とは、見込みのある人です。叱ると怒るの違い、あなたはご存じでしょうか。

　叱ると怒るは同じように見えますが、全く意味が違います。なぜ叱るかというと、二度と同じ過ちを繰り返さないように相手のためを思っているからです。一方、怒るは相手が機嫌を損ねて、感情のおもむくままに爆発させた状態で、あなたのことを思っての行動ではありません。

　あなたがもし叱られたとしたら、がっかりしたり落ち込んだりすることはありません。逆に、相手が自分のためを思って真剣に接してくれている、と喜んでいいくらいです。叱るとは相手からあなたに対する信頼と期待の裏返しです。

まとめ

- アドバイスは素直に受け入れて実行しよう
- 叱られるのは信頼と期待の裏返しと心得よう

信頼される人の2つの姿勢
【前向きな姿勢を見せる】

　上司や取引先に信頼される人になるために、あなたはどんな姿勢で接したらよいと思いますか。ここでは私がおススメの姿勢を2つご紹介します。

言い訳しない
　言い訳とは責任が自分以外にあると主張することです。うまくいかなかったときや失敗したときの報告で、「自分には責任がない」「自分は悪くない」などと思っていると、隠していても言動や態度から後ろ向きな気持ちが伝わってしまい、結果として、あなたには当事者意識が欠けているという印象を相手に持たれてしまう恐れがあります。

　そんな当事者意識が欠けたあなたに、上司や取引先は大事な仕事を任せることはできません。言い訳をすることで大事な仕事が任されなくなると、ますます仕事がつまらなくなり、何か問題が起きたらまた言い訳をする、そんな悪循環にはまってしまうのです。

　そんな状況にならないためにどうしたらよいか。**「言い訳」ではなく「提案」**をしてください。提案といっても、大それたことをする必要はありません。目の前で起きている問題に対して、自分ができる精いっぱいが何かを伝えるだけでOKです。あなたの逃げない本気の姿勢が相手に伝われば、あなたに対する相手の信頼度は上がるは

ずです。

気持ちよく教えてくれる魔法の言葉

　上司から仕事を頼まれたとき、その仕事がいままでにやったことがなく、やり方もわからないとしたら、あなたはどうしますか。マニュアルを探したり、ネットで調べたりする方法もありますが、一番早いのは知っている人に聞くことです。そんなとき、相手が気持ちよく教えてくれる魔法の言葉があります。それが「**教えてください**」です。「聞いていいですか」「質問していいですか」「どうしたらよいでしょうか」よりも「教えてください」。なぜかというと、「教えてください」には「あなたの言うことをしっかりと受け止めて実践します」という決意にも似た想いがこもっているからです。相手から教えてもらったら、それを素早く忠実に実行して結果を報告します。その行動を積み重ねることで、あなたの「教えてください」に相手は快く応えてくれるようになるでしょう。

　「言い訳しない」と「教えてください」この２つを実践するだけで、あなたは上司や取引先との信頼関係をさらに強化することができます。ぜひ試してみてください。

> **まとめ**
> - 言い訳ではなく提案をしよう
> - 「教えてください」で相手に気持ちよく教えてもらおう

chapter 8 　信頼される社会人になるために必要なこと

信頼される人は仕事を断らない
【難しい仕事が自分を成長させる】

　上司から依頼された仕事は全て引き受けてください。とくにあなたがこれまで経験したことのない、新しい仕事は絶対に断らないでください。よく「私には荷が重い」「そんな力はない」としり込みをする人がいますが、上司は、あなたにその仕事ができる能力があると見込んで依頼しています。難しいと感じてもぜひ挑戦すべきです。新しい仕事へ挑戦することで、あなた自身がスキルアップして仕事の幅が広がり、その結果、新しい可能性を開くことができるからです。

　私は大学の商学部を卒業して情報通信会社に入社後、いきなりシステムエンジニアとしてシステム開発を担当させられました。ITは全く未知の世界。プログラミングも全くわかりません。先輩や取引先が話すシステム用語や業務用語の意味がわからず、「この会話は日本語？」と思うほど、彼らのやり取りを理解することができませんでした。辛くて何度「辞めたい」と思ったことでしょう。しかし、半年もすると先輩や取引先が話す言葉が理解でき、仕事をスムーズに進められるようになり、1年後には、あるサービスのシステム開発を任せてもらえるようになりました。もしあのときシステムエンジニアが嫌で会社を辞めていたら、一人前の社会人として安心して仕事を任せてもらえる、いまの自分にはなれていなかったと思います。

信頼される人は
苦手な相手の懐に飛び込む
【観察で距離を縮めるヒントを見つける】

　20代半ばのころ、あるシステム開発プロジェクトでAさんとBさんという2人のリーダーの板挟みになり苦労したことがあります。意思決定には2人の合意を得る必要がありました。しかし2人は正反対のタイプで、AさんにOKをもらってもBさんにNOと言われてしまったり、その逆もよくありました。これでは仕事がなかなか進みません。しかもBさんは社内でも「怖い」と評判の人でした。

　この板挟みの状況の中で私が何をしたか。Bさんに趣味のカラオケ大会の開催を命じられたのをチャンスととらえ、Bさんが気持ちよく過ごせるように毎回違う場所を探したりメンバーを集めたりといった工夫をしました。何度かカラオケ大会を開催するうちに、今まで相談しても怒鳴られてばかりだったBさんが黙って話を聞いてくれるようになりました。Bさんとの関係がうまくいくようになると、不思議なことにAさんとも折り合いがつくようになったのです。

　当時の私は、少しでも状況をよくしたいと無我夢中でしたが、周りが敬遠する上司の懐に飛び込んだことがよかったのかもしれません。

　苦手な相手でも関心を持って観察していれば、趣味や好みなど何かしら相手との距離を縮めるヒントが見つかるはずです。たとえばゴルフが好きな上司なら、自分もゴルフの知識を集めて会話の中にゴルフの話題を織り交ぜてみる。小さなことかもしれませんが、これが相手との信頼関係を作る一歩につながるかもしれません。

あとがき

　私は会社員だったとき、数々の地雷を踏んできました。私の一言で上司を怒らせたり、取引先から依頼を断られたり、まとまりかけていた会議を台無しにしたりするなど、正しい伝え方を知らなかったばかりに他者とのコミュニケーションで多くの失敗をしてきました。

　とくに新入社員だったころは、叱られたり断られたりしても何が問題なのかわからず、何度も同じ地雷を踏んでいました。この本の冒頭でも書いた「上司から言われがちな9つの言葉」（16ページ参照）は、過去に私が言われ続けてきた言葉です。

　この本は、過去の私のように、正しい報連相のやり方がわからず、地雷を踏んでしまいがちな方のために書きました。この本を読むと、なぜ自分が叱られたのか、どうすれば報連相がうまくでき、仕事がうまく進むようになるかがわかるはずです。

　理論に加えて具体的なノウハウも解説していますので、やってみようと思ったら、ぜひ実際に試してみてください。私の数々の失敗経験から、うまくいく確率が高い方法を厳選してお伝えしているので、あなたが自分1人で

試行錯誤するより成功確率は高いはずです。私も新入社員だった約30年前にこの本と出会っていたら、あんなに地雷を踏まなくてすんだのではと思っています。

地雷を踏むと、自分がダメージを受けるのはもちろんですが、それ以上に大きな問題があります。それは相手との信頼関係が壊れることです。信頼関係を作るには長い時間がかかりますが、壊れるのは一瞬です。一度壊れた信頼関係を修復するのはとても難しく、二度と元に戻らない恐れもあります。

報連相は単なる仕事のテクニックではなく、自分自身を成長させ、人とのつながりを深める力を持つ、社会人にとって欠かせないスキルです。

本書を通じて得た正しい報連相の知識を活かし、失敗を恐れずに挑戦を続けて、自分らしいキャリアを築いていってください。これからのあなたの未来が、明るく、充実したものになることを期待しています。

大谷 更生

【監修】大谷 更生（おおたに こうせい）

大谷更生総合研究所合同会社　代表社員・問題整理の専門家
新潟県出身。明治大学商学部卒業後、KDDIで18年間システムエンジニアとして勤めた後に独立。システムエンジニア時代は総勢数百名の大規模システム開発プロジェクトの全体調整を担当。日々発生する課題や障害に対処しつつ、決められた予算・納期・要員を最大限に活用して納期通りプロジェクトをリリースした経験を、再現性のあるノウハウとして体系化。現在は問題整理の専門家として、問題整理手法や報連相、ロジカルシンキング、情報整理、DX、売れ続ける仕組み作りなどに関する講師やコンサルティングを行っている。
2005年　システムアナリスト(現ITストラテジスト)合格
著書：『3年後のあなたが後悔しないために今すぐやるべきこと』(明日香出版社)、『情報整理術 ビジネス・スキルズ ベーシック』(秀和システム)
HP：https://otani-kosei.com/
メールアドレス：info@otani-kosei.com

■ 編集・制作：有限会社イー・プランニング
■ 編集協力：石井栄子
■ DTP/本文デザイン：大野佳恵

入社1年目からずっと役に立つ　報・連・相　超入門
知っておきたい「要点だけ」バイブル

2025年4月25日　第1版・第1刷発行

監 修 者	大谷 更生（おおたに こうせい）
発 行 者	株式会社メイツユニバーサルコンテンツ
	代表者　大羽 孝志
	〒102-0093　東京都千代田区平河町一丁目1-8
印　　刷	株式会社厚徳社

◎『メイツ出版』は当社の商標です。

●本書の一部、あるいは全部を無断でコピーすることは、法律で認められた場合を除き、著作権の侵害となりますので禁止します。
●定価はカバーに表示してあります。

©イー・プランニング, 2025.ISBN978-4-7804-3022-6 C0037 Printed in Japan.

ご意見・ご感想はホームページから承っております
ウェブサイト　https://www.mates-publishing.co.jp/

企画担当：堀明研斗